L. Le Leu

L'ANGE du FEU

H. & L. CASTERMAN
ÉDITEURS PONTIFICAUX

L'ANGE DU FEU

N° 7 des Fastes de l'Eglise

LOUIS LE LEU

LES FASTES DE L'ÉGLISE

VOLUMES PARUS

1. *La Promesse accomplie.*
2. *Rédemption.*
3. *L'Enfant du Tonnerre.*
4. *Le Glaive et les Clefs.*
5. *La Semence sanglante.*
6. *Les Pieds maudits.*
7. *L'Ange du Feu.*
8. *La Voie mystérieuse.*
9. *Les Défenseurs du Christ.*
10. *Récits d'un siècle.*
11. *Le Triomphe de la Croix.*
12. *L'Agonie d'un monde.*

Ephèse était assise au bord du Caystre, dont les eaux bleues;
activées par la proximité de leur embouchure, se hâtaient vers la mer Egée
dont la ville entendait bouillonner les flots. (P. 13.)

L'ANGE DU FEU

PAR

L. Le Leu

H. & L. CASTERMAN

ÉDITEURS PONTIFICAUX

Paris, Rue Bonaparte, 66 — Tournai (Belgique)

SOMMAIRE HISTORIQUE DU VOLUME

Mort de la Vierge Marie à Éphèse. — Son Assomption. — Domitien, fils de Vespasien et frère de Titus. — Deuxième persécution contre l'Église (an 95). — Le pape Clet successeur de S. Lin. — S. Jean, le dernier des douze Apôtres souffre le martyre à Rome devant la Porte Latine. — Il en sort plus vigoureux et va en exil à Pathmos. — Il compose son Évangile et son Apocalypse et, par ces deux admirables monuments, établit le lien mystique qui rattache la Religion chrétienne à l'unique et primitive Religion du monde.[1] — Mort de Domitien (an 96). — Nerva et Trajan. — Retour de S. Jean à Éphèse. — Sa mort. — Fin des temps apostoliques.

(1) Selon le mot de S. Augustin : « Ce qu'on appelle aujourd'hui Religion chrétienne n'a jamais cessé d'exister. »

IMPRIMATUR

Tornaci, die 31ª Maii 1899.

J. *HUBERLAND*, can. cens. lib.

PRÉFACE

Nous voici arrivés au septième volume du récit des grandes époques de l'Église.

Jusqu'ici nous n'avons fait que parler, en passant, de la Femme admirable à laquelle les prières de l'Église ont consacré tant de titres glorieux. Nous devons, à la faible lumière de la tradition des âges, consacrer quelques pages à Celle qui fut choisie par Dieu pour mettre au monde le Verbe Rédempteur.

Si, dans l'histoire évangélique, la Vierge Marie paraît occuper une place secondaire, si les événements de sa vie et de sa mort sont restés enveloppés d'un impénétrable voile, si sa glorieuse assomption fêtée, néanmoins, par toute l'Église, chaque année, n'est pas un article de foi, c'est que Dieu a voulu, avec sagesse, que les choses fussent ainsi, afin que la vénération que nous devons à la Mère admirable du Sauveur ne s'égare pas, qu'elle reste dans les limites sages de l'honneur et qu'elle ne puisse se changer en adoration que nous ne devons qu'à Dieu seul.

Aux jours primitifs et mémorables de la Promesse, une parole sortie de la bouche éternelle du Père a caractérisé le rôle que devait jouer la sainte et pure Vierge de Juda dans l'œuvre divine de la Rédemption des hommes, par le Verbe Incarné et fait homme.

Quand l'homme, tenté par le serpent, eut goûté, après Ève, du fruit défendu de l'arbre de la Science du Bien et du Mal, et que Dieu eut chassé de l'Eden le couple pécheur, il s'adressa à l'*adversaire* impur et lui dit :

« Sache, ô Serpent, que tu es, désormais, maudit parmi toutes les manifestations de la vie animale, à cause de ta séduction. Tant que tu vivras, tu ramperas aux régions basses de la terre dont les résidus seront ta nourriture. Je poserai entre toi et la Femme, entre sa race et la tienne, une inimitié sans fin ; elle t'écrasera la tête et tes dents insidieuses s'useront sous ses pieds.[1] »

La nature humaine reçut, de la bouche de Dieu, ces paroles, comme un baume sur la plaie vive de sa foudroyante déchéance, et le désespoir n'entra point dans son cœur.

Dès lors, l'humanité connut que la suite des générations serait le canal béni par lequel le Père courroucé et miséricordieux lui donnerait un Sauveur.

Et tous les peuples, dans tous leurs temples, élevèrent des autels à la Femme, Vierge et Mère, qui donnerait ce Sauveur attendu et promis.

De même qu'une assemblée choisit un représentant digne de soutenir sa cause et ses intérêts, Dieu prépara de longue main et façonna au rôle sacré qu'elle devait remplir, la pure Vierge de Juda en qui devait fleurir la Rédemption d'Israël et du monde.

Et Marie fut choisie, Vierge sans tache animée des pures

(1) Genèse, ch. III, 14-15.

vertus de la primitive nature, mère admirable et femme sans égale échappée à la corruption originelle et toute resplendissante de l'innocence même de l'Eden.

Créature bénie du Ciel, entre toutes les femmes, Femme par excellence, calice auguste où le rayon divin devait se changer en sang pour en rejaillir en lumière, elle fut bien celle dont Salomon avait dit :

« J'ai été créée dès le commencement et avant que le temps ait entrepris de dérouler les siècles ; je vivrai jusqu'aux siècles futurs, car je suis la servante du Seigneur devant sa Face. »

Par Elle et en Elle, la nature entière a reçu la bénédiction et le salut. Miroir de la Justice, c'est en Elle que l'humanité doit se regarder pour connaître son rôle séculaire devant la Face du Seigneur.

Créée comme Marie et conçue avant les siècles dans la pensée divine, la nature humaine que le souffle de Dieu entretient dans un perpétuel renouveau, doit se consoler des douleurs qui l'accablent en songeant qu'elle-même a donné en la personne sainte de Marie un Sauveur au monde déchu ; elle doit voir en Marie sa perpétuelle patronne et l'étoile rayonnante de ses flots troublés par les remous ténébreux du serpent qui l'enlace dans ses replis impuissants, et, comme Marie qui n'a fait que traverser le tombeau sans en connaître les horreurs, l'âme divine qui l'agite et la vivifie[1] sera directement aspirée par Dieu dans la Lumière de sa miséricorde, quand le monde aura été jugé par le feu[2] et que, « *sous un ciel nouveau et sur une nou-*

---

(1) Virgile a dit : *Mens agitat molem ;* et saint Paul : *In Deo vivimus, movemur et sumus.*

(2) *Dum venerit Judicare mundum per Ignem* (Office des Morts).

velle terre s'élèvera la sainte Cité, la nouvelle Jérusalem,
tabernacle définitif de Dieu parmi les hommes qui seront
son peuple, avec qui il habitera et dont il sera le Dieu.[1] »
« Car, en ce temps-là, la mort ne sera plus et il n'y aura plus
ni pleurs, ni cris, ni douleurs, parce que le premier état
sera passé.[2] »

Nous verrons apparaître, ensuite, dans ce volume, le digne fils adoptif de la Mère de Jésus, Jean l'Apôtre vierge, que le Christ, expirant sur la Croix, légua à sa Mère comme un filial héritage.

Nous verrons cet illustre Apôtre justifier le titre de « Boanergés[3] » et, véritable ANGE DU FEU, recevoir du Saint-Esprit lui-même, la révélation mystique la plus admirable touchant le mystère de l'Incarnation du Verbe et des destinées du monde selon le plan divin, avec ordre de consigner sa sublime vision dans un livre qui ne devait pas être scellé, afin que quiconque a des oreilles en entende l'enseignement.

Bien nommé « Boanergés, » Jean était, en effet, destiné par la sainteté de sa vie, par ses miracles et par sa parole puissante, à frapper comme la foudre le monde étonné, à éclairer et à ébranler l'univers.

Quand, au milieu du tonnerre et des éclairs du Sinaï, une voix descendit de la montagne sur Israël prosterné, clamant à l'épouvante de son adoration : JE SUIS L'ÉTERNEL, TON DIEU ! elle ne retentit qu'aux oreilles d'un peuple. Mais la voix de Jean a frappé les oreilles du monde entier électrisé et ébloui, et le monde entier entendra jusqu'à la fin des

(1) Apocalypse, ch. xxi, 1-2-3.

(2) Ibid., xxi-4.

(3) Enfant du Tonnerre. Titre que Notre-Seigneur attribua à Jean, son bien-aimé disciple, et à son frère Jacques. (Ev. selon saint Marc, ch. iii-17.)

temps, cette parole formidable de sonorité et de lumière :

Au commencement était le Verbe, le Verbe était en Dieu !... Le Verbe était Dieu !

Et le Verbe s'est fait chair et il a habité parmi nous !...

Grâce à Jean et par l'inspiration du Saint-Esprit, la Religion nouvelle eut un Ezéchiel plus grand que l'Ezéchiel de la Loi ancienne et le Testament nouveau put montrer, en Jean, le plus sublime et le plus saint des prophètes que le Ciel ait envoyé à la terre.[1]

L'apôtre Paul, ravi jusqu'au troisième ciel, déclare qu'aucune langue humaine ne peut en narrer les splendeurs ; Jean pénètre les mystères divins et il nous les raconte, tels que Jésus les lui a confiés, tels que l'ange de Pathmos les lui a révélés :

« Je vous annonce, dit-il, ce que j'ai vu de mes yeux, ce que mes oreilles ont entendu et ce que mes mains ont touché, concernant le Verbe de Vie, et c'est afin que vous soyez tous unis avec moi, que vous soyez dans la joie et que votre joie soit parfaite. »

Aussi grand que le plus grand des Apôtres, il survécut à tous et resta le dernier, prêchant au monde, avec une incomparable douceur, le précepte absolu de l'amour.

Lui qui avait été le bien-aimé disciple de Jésus, avait bien pénétré le sens ineffable du précepte du Divin Maître, le plus fondamental dans l'esprit du Sauveur, après celui d'aimer Dieu, mais inséparable aussi de ce dernier : *« Mes enfants, je vous donne un commandement nouveau : Aimez-vous les uns les autres ; c'est à ce signe que l'on reconnaîtra que vous êtes mes disciples. »*

(1) S. Jean a continué et complété Daniel.

Aussi, toute la doctrine de Jean, l'enfant du Tonnerre, le prophète du feu, le philosophe incomparable, le vieillard chargé d'années, se résumait-elle dans ces simples mots : « *Mes petits enfants, aimez-vous les uns les autres!* »

Nous verrons, avec la mort du grand Apôtre, se terminer les temps apostoliques.

Ce volume, le septième, clora donc un cycle sacré, car le nombre sept est marqué de sainteté.

Sept lampes brûlaient devant le SAINT DES SAINTS du Temple de Jérusalem; le Ciel du Christ a sept sacrements qui veillent à ses portes augustes, comme de saints et radieux flambeaux et sept démons qui s'efforcent d'en obstruer l'entrée;[1] Jean a vu sept chandeliers d'or brûler devant le trône de l'Agneau.

Le nombre sept est pur, il invite la nature entière à servir, de toutes ses puissances assemblées, l'œuvre divine et triomphante, et c'est ainsi que Dieu se reposa le septième jour de la grande semaine de la création, et c'est ainsi qu'après sept fois dix semaines d'années, selon la prophétie de Daniel, le Verbe de Dieu se fit Chair et que la Rédemption du Ciel descendit parmi nous.

(1) Les sept péchés capitaux.

L'ANGE DU FEU

PREMIÈRE PARTIE

ÉPHÈSE

I

L'AURORE

L'aurore se levait sur Éphèse, l'une des douze anciennes cités ioniennes de l'Asie Mineure, et les premiers rayons du soleil levant éclairaient des ruines.

Pourtant, l'astre du jour caressait, des sourires de sa splendeur matinale, un superbe panorama de montagnes et de flots, car Éphèse était assise au bord du Caystre dont les eaux bleues, activées par la proximité de leur embouchure, se hâtaient vers la mer Égée dont la ville entendait bouillonner les flots, mollement abritée des tempêtes par le paravent de ses montagnes.

Et les sommets des montagnes et les flots de la mer semblaient chanter la gloire du soleil qui avait vu fonder la cité dont les blanches maisons se doraient à sa joie matinale; Crésus l'assiéger; la Perse et la Macédoine s'en disputer la conquête; Érostrate brûler son temple superbe, pour la seule renommée de son forfait, la nuit de la naissance d'Alexandre le Grand ; les Ephésiens le rebâtir et mettre deux siècles à cette œuvre ; les Romains faire de la ville la capitale de la province proconsulaire d'Asie Occidentale et des maisons neuves s'élever à côté des ruines que le temps enfouissait tous les jours et que nul ne relevait.

Mais le soleil avait vu aussi resplendir, sur la cité antique, une gloire qui devait éclipser toute autre gloire et le grand Paul prêcher fructueusement Jésus crucifié, sous le pronaos de ce temple fameux, que les Ephésiens avaient consacré à Diane et que le monde célébrait comme une merveille incomparable.[1]

Traversant, d'un pas alerte, la ville encore endormie, deux hommes marchaient dans la direction des montagnes dont les flancs verdoyants cachaient l'horizon à tout une face de la ville.

Leur démarche était simple et noble, leur costume ni grec ni latin avait plutôt une allure juive ; il était composé uniquement d'une robe serrée à la taille et d'un manteau de laine sombre qui flottait au gré de la brise matinale ; leurs pieds étaient chaussés de sandales à courroies comme la crepida romaine et leur tête nue était couronnée d'abondants cheveux qui ondulaient sur leurs épaules au souffle de l'air.

L'un des deux grisonnait, l'autre paraissait à peine sorti de la jeunesse et huit lustres avaient, tout au plus passé, sur sa tête.

(1) Le Temple d'Ephèse incendié par Erostrate (356 av. J.-C.), dans le seul but d'immortaliser son nom, avait été reconstruit, de leurs deniers, par les Ephésiens qui avaient refusé l'offre qu'Alexandre le Grand leur fit d'en payer tous les frais de réédification, à condition que son nom y serait inscrit. Ce célèbre temple sur les degrés duquel prêcha S. Paul, lorsqu'il passa à Ephèse pour y fonder une église, reconstruit sur les plans de l'architecte Chiromocrate, mesurait cent quarante mètres de longueur sur soixante-quinze mètres de largeur. C'était le plus vaste de la Grèce entière. Il était quatre fois grand comme le Parthénon d'Athènes et les Romains, eux-mêmes, au temps de S. Paul, n'avaient pas construit à Ephèse d'édifice qui en éclipsât la splendeur.

Un grave sujet semblait occuper leur pensée, car ils marchaient dans un silence méditatif.

Comme ils passaient devant l'amphithéâtre romain, le plus jeune, comme ne pouvant se contenir plus longtemps, poussa un profond soupir et dit à son compagnon de route :

— Hélas! Théophile, c'en est fait, n'est-ce pas, et il faut se résigner à la volonté de Dieu. Notre bonne mère va nous laisser orphelins!

— Mon fils, répondit le plus âgé, toute existence a un terme, et cet univers, lui-même, doit passer et s'évanouir en un temps qui est proche. Bénissons Dieu, plutôt, de nous avoir conservé aussi longtemps la sainte Mère de notre Christ. Songe que les vieillards, seuls, ont été témoins du drame du Calvaire et, de tous ceux qui étaient à Jérusalem et au pied de la Croix, il ne reste que Marie qui nous quitte et Jean qui demeure encore avec nous, pour achever une mission qui, sans doute, n'est pas complète encore. L'égoïsme de notre cœur, seul, se résigne en cette circonstance cruelle, mais nous devons bénir plutôt ce jour prochain que Marie bénit, elle-même, et qui va lui ouvrir les portes glorieuses du Royaume dans lequel Jésus est assis à côté du Père, son Dieu et notre Dieu.

— Oui, Théophile, mais il est permis aux orphelins de pleurer, non sur le sort de la mère qui s'en va, mais sur la misère de leur propre abandon. Il est loin, le jour où Jean amena de Jérusalem près de nos murs, celle que nous allons perdre!

— Certes, dit Théophile, et je me souviens de ce jour dont dix années, maintenant, nous séparent. Tu n'étais pas encore éveillé à la lumière de l'Évangile, mais moi, j'avais entendu Paul! Et Paul avait tellement remué mon âme que, pour rendre témoignage à la vérité que prêchait Paul, j'eusse donné ma vie avec joie. Ah! mon fils, Paul était éloquent! Éphèse lui doit le grain de sénevé qu'il est venu planter sur son sol généreux et qui a germé de suite au souffle ardent de sa parole.... Tu n'étais pas à Éphèse, alors, toi, et tu n'as pas vu, mais moi, j'ai vu....

— Quelle merveille, ô Théophile? demanda le jeune homme avec une déférence pleine d'intérêt.

— J'ai vu, à la voix de Paul, parlant sur les degrés du temple de cette ville, contre la magie, les sortilèges et les livres impies qui en contenaient les formules, j'ai vu, dis-je, ses auditeurs enthousiasmés par son éloquence persuasive et vibrante, courir dans leurs maisons, arracher de leurs bibliothèques les précieux volumes, (précieux, à la fois, à la bourse et aux superstitions enracinées), et les brûler avec joie sur le pavé de l'Agora!

— Dieu bénissait la parole de Paul!

— Et les champs de l'Évangile se couvraient de la moisson généreuse du Christ! Aussi, les fidèles se multipliaient rapidement et Paul, jusque dans les fers, se souvenait du champ qu'il avait ensemencé et nous adressait une lettre qu'un tabellarius fidèle apporta à notre église, la sienne! celle qu'il avait fondée de ses propres mains! Puis, j'eus le bonheur de voir ici, tour à tour, la plupart des glorieux Apôtres du Seigneur Jésus qui se détournaient souvent de leurs voyages pour venir saluer respectueusement celle que nous considérons si justement comme notre mère à tous.

— Hélas! ils ne sont plus! Nul d'entre eux ne sera là pour assister la vénérable Marie, au moment où son âme quittera la terre pour le Ciel!

— Qui sait, mon fils! La miséricorde du Seigneur est grande et sa puissance n'a ni bornes ni limites. Croyons, espérons et prions!

— Jour béni où la mère de notre Seigneur daigna venir habiter parmi nous!

— Un jour, en effet, béni entre tous les jours, un doux vieillard déjà courbé par l'âge vint visiter notre humble mais fervente église. Quelle douceur sur ses traits embellis par une paix profonde qui rayonnait sur son visage encadré d'une longue chevelure blonde partagée, au milieu, comme celle du Christ; quelle sérénité sur son front ceint du bandeau d'or qui ne le quitte jamais.[1] Sa voix puissante et douce retentit dans nos assemblées, il visita tous les fidèles et demanda à tous et à chacun s'ils seraient heureux de voir venir habiter parmi eux la sainte Mère du Sauveur.

« A cette nouvelle, une joie immense remplit toute l'église d'Éphèse et de chaudes actions de grâces furent rendues à Dieu qui nous ménageait, dans sa bonté, une aussi grande consolation.

» Aussitôt, Jean se mit en devoir de chercher un emplacement pour y construire la maison qui devait abriter la Mère du Christ.

» Il eut bientôt fait son choix sur la montagne vers laquelle nous allons et où la plupart de nos frères se sont retirés du monde, dans des grottes ombragées par les palmiers, les figuiers et les vignes.

Là s'éleva, avec le concours de tous, la modeste maison de pierre, la seule de la montagne, qui devait être le dernier domicile de la douce Marie sur la terre. »

En ce moment, les deux hommes passaient sur la vaste place qui s'étendait devant les portiques du célèbre temple de Diane.

—C'est ici, mon fils, dit Théophile, en désignant un pilier du pronaos, que le grand Paul fit retentir, pour la première fois en ces lieux, la parole de Dieu; c'est de cette place même, adossé contre la troisième colonne, qu'il invita tous ceux qui l'écoutaient, à brûler solennellement sur le pavé de l'Agora tous les livres de magie dont les Éphésiens sont si avides et

---

(1) S. Jean, d'après la tradition, portait au front une lame d'or comme celle qui couronnait la tête du grand-prêtre du temple de Jérusalem.

si curieux, et c'est de là qu'il eut la satisfaction de voir la flamme dévorer les volumes impies et la fumée s'en élever vers le Ciel comme un encens d'agréable odeur au Dieu de toute vérité et de toute sagesse. Oui, vraiment, Philippe, Jean arrose, mais c'est Paul qui a planté et le Christ bénit et féconde.

— Hommes respectables, dit une voix mâle, vous avez parlé de Jean; est-ce de cet homme vénérable et sage dont j'ai entendu parler, à Rome, comme possédant la clef des secrets divins?

Etonnés, les deux hommes scrutèrent des yeux les profondeurs encore sombres du péristyle.

Du fond du décor majestueux, un homme de haute stature et de port imposant se détacha, telle une statue animée qui, soudain, éveillée de son sommeil de pierre, descendrait de son socle ou quitterait sa niche pour parler aux passants. Son costume dénotait un romain fraîchement arrivé des rivages du Latium. Il paraissait avoir atteint la trentaine et, même, l'avoir quelque peu dépassée, mais le visage frais et plein était empreint de jeunesse et la barbe et les cheveux coupés ras contribuaient à rendre son âge incertain.

— Oui, dit Théophile, en le regardant en face, comme pour scruter le fond de la pensée de l'étranger; c'est nous qui avons parlé de Jean. Je ne sais si le Jean dont tu veux parler est le même que le nôtre; pour quelles raisons t'enquiers-tu de sa sagesse?

— Je me nomme, dit l'étranger, Caius-Lucius-Vérus, je suis le frère de la grande Vestale et je voudrais connaître Jean pour lui demander des lumières sur un oracle obscur dont les dieux ont honoré ma sœur, impuissante à en découvrir la signification cachée.

— Alors, jeune homme, dit Théophile, retourne à Rome, tu n'as rien à faire ici et le Jean que tu cherches n'est pas celui que nous connaissons et que nous honorons. Notre

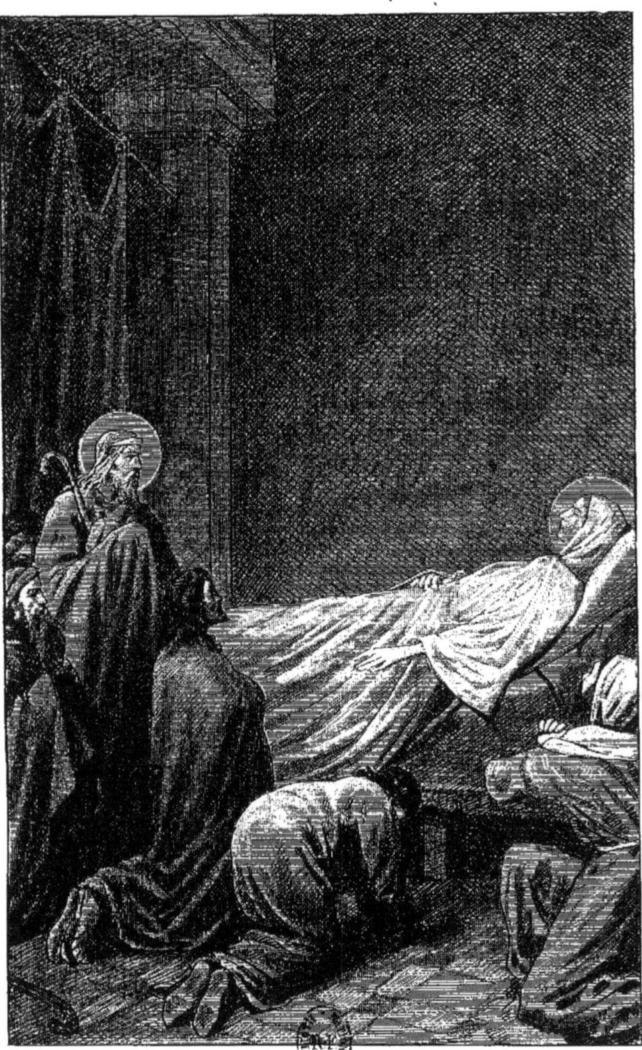

Pâle, exsangue, diaphane, la Vierge de Juda reposait,
les yeux clos et les mains en croix sur sa poitrine. (P. 44.)

Jean ne se soucie pas d'interpréter les oracles menteurs des dieux impurs des nations assises à l'ombre de la mort et qui ferment leurs yeux et leurs oreilles à la parole de Lumière et de Vie. Les oracles de vos temples ne s'expliquent pas, car ils sont absurdes, et leur mensonge est le piège auquel se prennent les hommes crédules qui les écoutent et les dieux imposteurs qui les dictent en des mots obscurs, qu'eux-mêmes, existassent-ils, ne sauraient éclairer.

— Tes paroles sont sévères, dit le romain, avec une nuance de tristesse. On m'avait dit que Jean était le philosophe de l'amour; si tu es un des disciples de son académie,[1] mets-tu ses enseignements en pratique, toi qui me repousses avec dureté lorsque je te demande un renseignement avec déférence? Peut-être es-tu galiléen; ces sortes de personnes affichent beaucoup de morgue vis-à-vis de ceux qui ne partagent pas leurs idées. Est-ce juste? Ne peut-on être digne de considération sans être galiléen? Je viens ici, avec un esprit pacifique, car je souffre et je cherche des consolations. Irai-je donc en demander à l'ivresse des festins que mon cœur ne goûte pas, ou bien en réclamerai-je à nos orgueilleux philosophes dont l'austérité antique a sombré dans l'adulation infâme des tyrans? L'oracle de ce temple est célèbre, demande-lui si je l'ai interrogé.

— Jeune homme, tu le sais, dit Théophile avec douceur, les trépieds sont muets depuis près d'un siècle; une force divine a fermé, pour toujours, la bouche des pythies; parcours, si tu le veux, tous les temples fameux de la Grèce et du Latium où l'égarement des peuples aveugles a élevé des autels aux puissances ténébreuses du mal, et tu sauras que les puissances du mal sont rentrées dans l'abîme. Dodone ne rendra plus jamais de sons intelligibles et Delphes peut

______

(1) En Grèce et à Rome, les écoles des philosophes enseignant leurs disciples se nommaient des *académies*.

pleurer son prestige évanoui et sa gloire éclipsée. Mais, si tu viens à nous dans des intentions pures et droites, tu seras notre frère. Que veux-tu de Jean?

— C'est un secret que je ne dirai qu'à Jean, lui-même; où peut-on trouver ce respectable philosophe?

— Partout et nulle part, dit Théophile, avec indécision, car il lui semblait peu utile que ce païen dérangeât l'illustre Apôtre des soucis de l'heure présente et des soins multiples de son saint ministère.

— Fort bien! répondit le romain avec une nuance de bienveillante ironie, tu parles maintenant à la manière des oracles que tu incriminais tout à l'heure d'imposture. Ta réponse n'est pas plus claire que leurs sentences ambiguës.

— J'ai voulu dire, répondit Théophile, que Jean se trouve partout où il est utile pour la gloire de Dieu et le bien de nos frères; mais, si tu veux le rencontrer, va, parfois, vers cette montagne, et tu pourras voir passer sur les sentiers un grand vieillard alerte et vif, quoiqu'un peu courbé par l'âge, la tête nue et le front orné d'une bandelette d'or qui retient ses longs cheveux bouclés, dont les volutes tombent sur ses épaules en blondes mèches que le temps a à peine décolorées. Tu pourras lui parler, car sa bonté est grande et n'a jamais repoussé aucune prière.

— Je te rends grâces, dit le romain, et je ferai comme tu me dis. Vale.

Le soleil éclairait maintenant jusqu'aux moindres recoins de la colonnade du temple de Diane. Le romain s'y enfonça comme un promeneur qui médite en marchant, tandis que les deux chrétiens reprenaient leur route, en silence, vers la porte de la ville qui s'ouvrait sur la perspective prochaine de la montagne, but de leur excursion matinale.

II

De la sainte famille, Marie, seule, restait.

Bien avant que Jésus révélât au monde, dans le miraculeux apostolat de sa vie publique, la mission divine qui reposait en lui, le saint patriarche Joseph avait rendu l'âme entre les bras de son épouse et de son fils adoptif.

Jésus, ensuite, avait rempli sa tâche divine et terminé sur le Calvaire l'œuvre sainte de la Rédemption des hommes,

Toutes les douleurs avaient dressé contre Marie leurs vagues furieuses, sans submerger son âme ; tous les glaives avaient percé son cœur, selon la prophétie du vieillard Siméon.

Au pied de la Croix, elle avait perdu son fils selon la chair et trouvé son Dieu selon les éternels desseins du Très-Haut, dont elle s'était, jadis, aux jours radieux de l'Annonciation, déclarée l'humble servante prête à s'incliner devant la volonté du Seigneur.

Mais elle avait trouvé un autre fils au pied de cette même Croix, dans le legs touchant que Jésus, dépouillé de tout, lui avait fait de Jean, le bien-aimé disciple, et, en sa personne, elle était redevenue plus mère que jamais, car c'était l'humanité entière que Jésus lui avait donnée pour la confier à sa tendresse et à sa sollicitude maternelles.

Toute la Société apostolique était devenue sa famille, et, quand, sur la montagne, les Apôtres s'étaient séparés d'elle pour s'en aller prêcher la bonne nouvelle sur toutes les routes de l'univers, Jean lui était resté comme un enfant dévoué et un gardien fidèle.

Pendant trois ans, elle était restée sur la montagne de Sion, ne pouvant se résoudre à quitter ces lieux sanctifiés et si pleins, pour elle, de souvenirs consolants et douloureux.[1]

Elle était, ensuite, allée se fixer à Béthanie, auprès de Lazare, de Marthe et de Marie-Madeleine, ne se lassant pas de goûter leur pieuse société et de parler avec eux de tant de mémorables événements auxquels leur vie commune avait été mêlée, en compagnie de Jésus.

Mais, bientôt, Lazare et ses sœurs, exilés, s'embarquèrent sur les flots hasardeux, pour aller aborder en Provence où ils devaient porter, à leur tour, l'Évangile nouveau.

Marie dut chercher une autre retraite.

L'horizon de la Judée, d'ailleurs, s'assombrissait et se chargeait de tempêtes.

Jean, souvent en voyage pour la prédication de l'Évangile, se chargea de trouver une résidence à la mère de son Sauveur bien-aimé.

Dans ses courses apostoliques, il avait visité Éphèse et il y avait trouvé une moisson déjà abondante de Foi dont Paul avait été l'infatigable et glorieux semeur.

Il songea donc à amener Marie près de cette cité aux douces mœurs, parmi des frères dévoués que le Saint-Esprit avait comblés de ses dons généreux. Du reste, déjà, des amies de Marie avaient choisi ces environs pour retraite.

---

(1) Beaucoup de ces détails sont empruntés aux visions de la sœur Catherine Emmerich.

Elles s'étaient fixées sur le versant verdoyant et boisé d'une montagne fertile, du haut de laquelle on voyait la ville antique étendue paresseusement au soleil, sur les rives agréables d'un fleuve aux ondes de saphir et d'argent.

La colonie chrétienne s'était établie sur un plateau élevé et solitaire, rempli de frais ombrages et de grottes rocailleuses semées, d'espaces en espaces, comme les alvéoles d'une ruche pacifique.

Les palmiers, les oliviers, les baumiers, les aloès, les mélèzes, y mariaient leur feuillage, offrant aux solitaires leurs parasols verdoyants et leurs fruits savoureux et dorés.

Quelques cabanes modestes avaient augmenté le nombre de ces silencieuses retraites, dans lesquelles, fuyant les persécutions qui les avaient chassés de leur patrie, les solitaires chrétiens goûtaient la paix du désert et la joie pieuse de la prière.

La distance qui séparait chacune de ces habitations n'en pouvait faire passer l'agglomération pour un village.

Ce fut au milieu de ces modestes demeures que Jean fit bâtir, avec des pierres, la maison qui devait recevoir dans ses murs la sainte Mère du Christ.

Elle s'élevait, carrée comme la plupart des maisons que l'on construisait alors, assez haute de murailles percées seulement de rares fenêtres à une assez grande distance du sol.

Le toit, selon la mode juive, en était plat, bâti en terrasse sur laquelle on se retirait souvent pour la prière ou pour goûter la fraîcheur des nuits splendides de l'Orient.

Du haut de cette terrasse, l'œil pouvait contempler un beau panorama plus superbe encore, si, gravissant jusqu'au dernier sommet de la montagne, on se reposait sur le plateau le plus élevé.

Là, l'œil embrassait le moutonnement des collines verdoyantes semées d'arbres de toutes essences, et, par delà leurs sommets, la ville d'Éphèse avec son temple grandiose, son amphithéâtre romain, ses monuments, ses maisons et ses fontaines jaillissantes, et son fleuve aux ondes d'argent ou de saphir, ruban châtoyant liseré de l'émeraude de ses rives, et son embouchure écumeuse et les vagues bleues de la mer Egée sillonnée de voiles blanches et de joyeuses galères et parsemée d'îles innombrables, verdoyantes et riantes oasis dans le désert mouvant des flots.

La maison était divisée en deux parties par un mur contenant le foyer où, par les fraîches soirées, on plaçait le brasero dans lequel brûlaient les bois odorants du cèdre et du santal, dont la fumée, en légères spirales, montait jusqu'à la toiture pour la traverser et se perdre dans l'air.

La salle d'entrée de la maison se divisait par des cloisons volantes en plusieurs cellules, dans lesquelles se retiraient pour la nuit les personnes de service et de compagnie.

Pas d'autre décoration dans cet ensemble que la blancheur des murailles qui, bientôt, allaient prendre les teintes mordorées dont la fumée des braseros fait lentement des fresques aux tons chauds.

Par les portes ouvertes de chaque côté du foyer, on pouvait entrevoir la partie intime de la petite maison.

Une ombre discrète et mystérieuse y régnait comme dans un sanctuaire qui ne reçoit de ses vitraux aux tons antiques qu'un jour rare et sans éclat.

Là, un certain art avait présidé à l'aménagement. Les murs étaient boisés avec soin et trois tentures divisaient la pièce en quatre parties ou cellules distinctes.

Le milieu formait un espace libre où l'on pouvait aller et venir, s'asseoir pour lire, travailler ou prier.

La cellule de gauche contenait un mobilier indispensable et sommaire et une réserve de vêtements; celle de droite était la chambre dans laquelle Marie prenait le repos de la nuit sur un lit modeste et simple comme ceux de l'Orient, formé d'une couchette de bois sur laquelle on mettait, pour le repos, des tapis et des coussins de laines teintes et artistement assorties.

Enfin, derrière le rideau qui voilait le fond de la pièce, la quatrième division de la salle, de forme arrondie, était un oratoire, le cœur même de cette maison, dont la sainte hôtesse avait compris l'aménagement en conformité avec sa foi et les plus vivants souvenirs de son cœur.

Là, dans une armoire précieuse, était l'objet sacré pour lequel Dieu le Père avait incarné par elle son Fils unique, la croix par laquelle il avait tant souffert pour racheter le monde.

Faite exactement des mêmes bois et de la même forme que celle du Calvaire, elle s'enfonçait dans une motte de terre, comme celle de Jésus s'enfonçait dans le Golgotha.

Aucun ornement ne la décorait et Jean, qui en avait été l'artisan, avait fait graver à grands traits sur sa surface, (sans doute par Luc qui était versé dans les arts du dessin), la figure de Jésus crucifié, dont les lignes, remplies d'une couleur foncée, ressortaient sur la teinte naturelle du bois.

Près de cette représentation de l'instrument de la passion de son divin Fils, Marie avait placé une relique précieuse pour elle.

C'était le sudarium avec lequel elle avait, lors de la descente du corps sacré du Christ de l'instrument de son sacrifice, essuyé ses plaies affreuses, lavé ses blessures profondes, nettoyé sa chair sainte mise à nu par les instruments barbares du supplice.

Des fleurs sauvages fournies par la nature et cueillies dans les sentiers de la montagne, achevaient la décoration de ce tabernacle devant lequel Marie priait et méditait souvent, assise sous la lampe à plusieurs mèches qui descendait du plafond et éclairait, la nuit venue, toute cette partie de la petite maison.

C'était là que terminait paisiblement ses jours terrestres

la vierge de Juda, qui avait été pendant neuf mois bénis de sa jeunesse, le vivant tabernacle du Saint-Esprit.

Sa solitude était à peu près complète; une seule servante veillant à ses besoins, ne la troublait pas.

Parfois, quelque fidèle solitaire venait la visiter. Parfois, aussi, se détournant de leurs courses apostoliques, les disciples ou les apôtres en voyage, venaient à Éphèse, gravissaient les sentiers de la montagne et entraient dans la petite maison pour en saluer, avec amour et respect, l'hôtesse vénérée.

Souvent, un grand vieillard maigre, aux longs cheveux, grave, quoique sans cesse souriant, franchissait le seuil et venait converser avec Marie ou méditer avec elle sur les sublimes vérités de la Foi.

Il pénétrait dans l'oratoire, ouvrait le tabernacle et, sur la table qui s'étendait devant, il célébrait la sainte Cène, en mémoire et selon le précepte du Seigneur Jésus, son bien-aimé Maître.

Souvent, aussi, ils sortaient ensemble de la maison, gravissaient un sentier solitaire, silencieux et priants, s'arrêtant d'espace en espace devant des bornes de pierre marquées de signes particuliers, au nombre mystique de douze, indiquant matériellement le nombre, exactement distancé, des stations cruelles de la voie douloureuse de la passion de Jésus et, spirituellement, le sens caché et profond du mystère représenté par chacune de ces douze étapes de la voie sublime.

Ce chemin de la croix s'étendait assez loin, jusqu'à un petit bosquet de palmiers mêlés de mélèzes et de figuiers, qui se trouvait un peu plus haut en allant vers le sommet de la montagne, sur un mamelon qui figurait la colline du Golgotha, creusée sur un de ses côtés d'une grotte naturelle consacrée par Marie au souvenir du sépulcre de Joseph d'Arimathie devenu celui de Jésus et la porte glorieuse de sa résurrection triomphante.

Cependant, Marie considérait la montagne d'Éphèse comme un lieu d'exil et elle soupirait après Jérusalem où elle eut désiré ardemment continuer et finir sa vie, dans cette atmosphère toute vibrante encore de la puissante parole de Jésus et sur cette terre sacrée toute retentissante encore de ses pas apostoliques et chaude du sang répandu de son cœur divin.

Et, plusieurs fois, en compagnie de son fils adoptif, elle avait repris avec une douloureuse allégresse le chemin de la ville de David et les routes de Sion, et elle était allée se retremper dans les souvenirs aigus de la voie douloureuse et sur les lieux même où elle avait tant aimé et tant souffert en communion avec Jésus.

Persuadée qu'elle ne pouvait mourir qu'à Jérusalem et son extrême faiblesse annonçant sa fin prochaine, elle s'était, elle-même, choisi une grotte sur le mont des Oliviers pour en faire son tombeau, non loin de l'empreinte sacrée laissée par les pieds de son divin Fils lorsqu'il avait quitté la terre, devant elle et ses disciples, pour aller prendre, à jamais, possession de son trône éternel dans l'héritage de la lumière.

Le bruit même de sa mort se répandit en diverses églises ainsi que celui de sa sépulture à Jérusalem.[1]

Mais Dieu en avait décidé autrement, et, un regain de vigueur ayant momentanément rétabli sa santé, Marie reprit la route d'Éphèse où elle revit la compagnie des saintes femmes qui l'aimaient et attendaient son retour, dans la prière et l'espérance.

En cette époque de notre récit, Marie n'a plus, de la vie

---

(1) Nous rappelons que nous suivons les visions de la sœur Catherine Emmerich sur cette question sur laquelle l'histoire est muette et la tradition contradictoire. Les uns ont cru que la Ste Vierge était morte à Jérusalem et ont continué à y vénérer son tombeau sur lequel on avait bâti une église. Il est certain, toutefois, que ce tombeau, qui n'aurait pas servi, d'après Catherine Emmerich, a été, néanmoins, préparé et orné avec soin pour y recevoir la dépouille mortelle de la Vierge.

terrestre, que les apparences; son grand âge à tout à fait
affaibli son corps amaigri et presque diaphane, quoique marqué encore de ce sceau de beauté souveraine, apanage de son
intime et gracieuse pureté.

On dirait que son esprit plane déjà au-dessus d'elle, prêt à
s'élancer dans les sphères de la transfiguration céleste et
glorieuse, d'où son divin Fils lui tend les bras avec amour.

Toute la colonie chrétienne est dans les larmes et la
prière, car chacun comprend que l'heure va sonner, implacable, de la séparation et des adieux sur la terre.

III

L'HEURE DE NONE.

Après avoir quitté l'étranger qui les avait interpellés sous
le portique du temple de Diane, Théophile et Philippe avaient
continué leur route à travers les rues de la ville.

— Quel peut bien être ce mystérieux personnage? demanda
Philippe à Théophile, et pourquoi s'enquiert-il auprès de nous
du vénérable Jean?

— La réputation de Jean est grande, répondit Théophile,
et, si cet homme était un néophyte, je ne serais nullement
étonné de l'entendre nous demander des nouvelles du saint
Apôtre; mais, de son propre aveu, il est païen et, qui plus
est, frère d'une grande prêtresse du culte exécrable de Vesta
si en honneur à Rome; je ne crois pas que notre Jean soit
connu des païens au point de motiver un long voyage de l'un
d'eux, dans le seul but de lui demander des lumières pour
interpréter un oracle menteur.

— Qui sait si ce romain n'est pas un espion de César,
envoyé à Éphèse pour se saisir de Jean et le mener à Rome?
La paix dont nous jouissons, depuis la mort du monstrueux
Néron, est-elle si solide que la persécution ne puisse, de nouveau, sévir contre nous et moissonner, encore une fois, la
fleur de l'Église de Jésus-Christ?

— Oui, dit Théophile, en secouant la tête. A défaut de pouvoir (ce que je n'espère pas) pénétrer le secret de cet étranger, je crois qu'il serait utile d'avertir Jean, afin qu'il se tienne sur ses gardes à l'occasion ; que deviendrions-nous, si, lorsque nous aurons perdu la présence visible de notre Mère, son illustre fils d'adoption, le père et le pasteur de notre Église, allait, lui aussi, nous être enlevé brusquement. Je préviendrai Jean. Hâtons-nous.

Ils arrivèrent bientôt auprès de la porte de la ville, qu'ils franchirent sous l'œil paisible de la sentinelle romaine, immobile dans sa cuirasse et sous son casque brillant comme l'argent poli.

Ils s'engagèrent dans les faubourgs peu populeux qu'ils eurent bientôt traversés.

La campagne s'étendait, maintenant, devant eux, verdoyante et parée de son glorieux manteau estival semé de fleurs diamantées par les larmes du matin que les premiers rayons du soleil pompaient avidement, tandis qu'une brise tiède bruissait dans les feuillages, balançant gracieusement l'évantail aigu des palmiers, les larges feuilles des figuiers, les verdures sombres des oliviers et que, çà et là, des fruits d'or, d'ambre et d'émeraude se balançaient au vent ou parsemaient la route de leurs reflets opulents.

Bientôt, le chemin devint moins plat et des pentes sensibles annoncèrent de loin, à leurs pas, le voisinage altier des montagnes.

Déjà, les bruyères, les aloès, les cactus épineux, les yuccas à la tête chevelue et sombre accusaient les sentiers plus abrupts.

Ils gravissaient, maintenant, avec la lenteur qui est le signe du poids tyrannique qui nous attache à la terre, sous l'œil inaccessible du ciel.

Le calme était profond et solennel autour d'eux et, jusqu'ici, leurs yeux n'avaient encore vu que la solitude, lorsqu'ils aperçurent les portes de quelques cabanes disséminées et les entrées de quelques grottes.

Mais toutes ces habitations leur paraissaient mornes et abandonnées par leurs habitants.

Ils ne s'en étonnaient pas.

— Mauvais signe, dit Théophile à son compagnon, ce silence et cet abandon nous indiquent que la sainte Mère de notre Sauveur est, sans doute, bien près d'accomplir son passage de cette vie à l'éternité.

— Que vois-je? s'écria tout à coup Philippe, en mettant sa main devant ses yeux pour ne pas être gêné par les rayons du soleil et mieux examiner ce qu'il regardait.

Théophile porta les yeux dans la direction indiquée par son compagnon et il aperçut, comme lui, un groupe de femmes vêtues de longs manteaux blancs, qui se tenaient sur une éminence d'où l'on découvrait la campagne et semblaient occupées à scruter avec inquiétude les chemins et les sentiers.

Le groupe des femmes était tellement absorbé dans son examen attentif de l'horizon, qu'aucune d'elles ne remarqua l'approche des deux hommes.

Ce fut, seulement, le bruit de leurs pas et le froissement de quelques branches à leur passage, qui attira l'attention de deux d'entre elles.

— Qu'y a-t-il? demanda aussitôt Théophile, et quel est le motif de votre attente?

— Notre mère est sur le point de quitter la terre, dit l'une d'elles qui était la nièce d'Anne la prophétesse qui, jadis, avait prophétisé dans le temple de Jérusalem, lors de la présentation légale de Jésus par Marie et Joseph, et Jean[1] n'est pas arrivé.

(1) D'après S. Irénée, l'Apôtre S. Jean s'établit à Éphèse après la mort de S. Pierre et de S. Paul. S. Timothée gouvernait alors cette église, mais il recon-

Et, tout bas, elle ajouta comme si elle eut dévoilé un grand mystère et parlé d'un solennel miracle opéré par la Grâce de Jésus-Christ et la bonté du Ciel :

— Les onze autres sont là !...

A ces mots, Théophile pâlit ; sous le coup d'une violente émotion, il porta vivement les mains sur son cœur en les croisant sur sa poitrine oppressée par une joie saisissante, puis, il les joignit et, regardant le Ciel, s'écria :

— Gloire à Dieu et à Notre-Seigneur Jésus-Christ, qui permet que de tels miracles s'accomplissent pour sa gloire et la consolation ineffable de ceux qui croient en Lui !

Mais la nièce d'Anne la prophétesse mit un doigt sur sa bouche en ajoutant tout bas :

— Tout le monde ne les voit pas et plusieurs ignorent leur présence parmi nous.

Théophile s'abstint donc de signaler cette merveille à l'attention de son compagnon, ne voulant pas empiéter sur les droits de la Grâce à lui ouvrir les yeux aux miracles de l'invisible.

— Le voici ! cria, presque en même temps, une femme qui se tenait au-devant du groupe et qui était veuve et parente d'Élisabeth. Il n'est pas seul !...

Tous portèrent alors les yeux dans la direction indiquée et Théophile regarda à son tour.

Un grand vieillard s'avançait, en effet, sur le sentier, hâtant le plus possible sa marche que l'âge appesantissait. Le vent, en s'engouffrant dans son large manteau fait d'une étoffe brune et légère, lui donnait l'aspect d'un homme porté par un nuage ; sa main droite s'appuyait sur le bourdon

naissait en S. Jean une autorité supérieure et universelle. S. Jean, d'après S. Jérôme, gouvernait toutes les églises de l'Asie et déployait, pour les visiter fréquemment, un zèle infatigable que l'extrême vieillesse même ne ralentit pas. Il était aussi énergique que bon et il déposa un jour un prêtre de l'Asie qui avait composé un récit romanesque sur les voyages de S. Paul et de Ste Thècle d'Iconium.

apostolique; de la gauche, il maintenait les plis de sa robe, et la plaque d'or qui retenait ses cheveux, étincelante aux rayons du soleil, incendiait son front des feux d'une éclatante auréole.[1]

Comme Mara, nièce d'Élisabeth, l'avait remarqué, l'Apôtre ne marchait pas seul.

Mais quelle société illustre et imprévue!...

Pierre et Paul l'accompagnaient, conversant avec lui sur le sentier; Jean répondait, avec joie, à leurs paroles, et il semblait que leur compagnie était pour lui une force bienfaisante qui l'empêchait de sentir la fatigue de la route.

Bientôt, l'illustre Apôtre fut auprès du groupe et chacun s'inclina devant lui avec vénération.

— Mes petits enfants, leur dit-il, je sais ce qui se passe, car j'ai été informé par de sûrs messagers que notre divin Maître, lui-même, a daigné m'envoyer; mais, rassurez-vous, notre bonne mère ne nous quittera pas sans avoir vu, réunis autour d'elle, tous ses enfants.

Ayant ainsi parlé, le saint Apôtre prit le sentier qui conduisait à la maison et tous le suivirent avec respect.

Philippe et Théophile suivaient, les derniers de la petite troupe.

Celui-ci priait; quant à Philippe, il paraissait profondément agité; à la fin, il ne put se contenir plus longtemps, et, s'adressant à son compagnon :

— Ne suis-je pas, ô Théophile, le jouet d'un songe, lui dit-il, et tes yeux sont-ils frappés par la même apparition qui ravit les miens? Est-ce une apparence ou une réalité?

(1) S. Epiphane dit que S. Jean menait une vie pleine des plus grandes mortifications. Il ne mangeait jamais de viande et n'avait qu'une tunique de lin et un manteau. D'autres traditions parlent du bandeau d'or qu'il portait autour du front, mais on n'est pas fixé sur l'époque à laquelle il a commencé à en faire usage. Il est probable qu'il le porta d'abord exceptionnellement et n'en fit que très tard un usage constant.

— Mon fils, je sais ce que tu vas me dire....

— Tu les vois aussi!... Quoi! ne savons-nous pas que Pierre et Paul sont morts depuis plusieurs années? Qui donc ignore dans l'Église, à présent, que Pierre a subi le martyre de la croix à Rome, sur les coteaux du Janicule, et que Paul a eu, le même jour, la tête tranchée sur la voie d'Ostie, auprès des Eaux Salviennes? et les voici qui accompagnent Jean!... D'où vient que nul ne paraît les reconnaître et que personne ne leur parle, de même qu'ils ne parlent à personne? Est-ce que chacun ne les voit pas aussi distinctement que toi et moi les voyons?

— Mon fils, dit Théophile, tu ne te trompes pas, c'est bien Pierre et Paul qui accompagnent notre Jean et je rends grâces à Jésus-Christ, notre Seigneur, de ce que sa Grâce est en toi pour illuminer ainsi tes yeux. Assurément, d'autres que nous les voient, mais tous ne les voient pas, et c'est pour ménager la faiblesse de ceux qui ne voient pas, que ceux qui voient demeurent silencieux à ce consolant spectacle. Mais, je puis te le confier, maintenant, une de ces saintes filles m'a affirmé, tout à l'heure, que tous les Apôtres étaient réunis auprès du lit de mort de notre bonne mère.

— Que Jésus-Christ, notre Seigneur, est bon de répandre sur son Église de si merveilleuses consolations!

— Le divin Maître remplit sa promesse, sache-le, mon cher fils, dit Théophile à son compagnon. Tu ne le savais pas, sans doute, mais plusieurs d'entre nous savaient que cette merveille se produirait.

« Un jour, en effet, que Jésus, après sa résurrection, était venu chez Lazare, à Béthanie, converser avec ses Apôtres et sa sainte Mère, Marie lui demanda la grâce d'être bientôt enlevée à cette vie de misère et introduite dans le glorieux héritage de la Lumière céleste, dont Jésus devait aller, le lendemain, par son ascension triomphale, prendre définitivement possession.

L'Apôtre se jeta à genoux et rendit gloire à Dieu pour l'avoir favorisé
de la vision d'une si radieuse et consolante merveille. (P. 49.)

» Mais il lui révéla que son existence terrestre n'était pas terminée et qu'elle devrait encore accomplir, en ce monde, de nombreux travaux.

» Considérant, alors, son âge et celui des Apôtres qui les entouraient, Marie dit à son divin Fils :

» — Eh quoi ! mon Seigneur, resterai-je donc sur la terre plus longtemps que ceux-ci et n'aurai-je pas la consolation de savoir que leurs mains que tu as sanctifiées me fermeront pieusement les yeux ?

» Et Jésus lui répondit :

» — Femme, que ton cœur soit en paix. Je te promets que ceux-ci, à ta prière, viendront assister à ta dernière heure, malgré les distances et les apparentes impossibilités, et ils seront accompagnés d'un grand nombre de mes disciples.

» Et, s'adressant à Madeleine qui pleurait à ses pieds, inconsolable, à la seule pensée que celui qu'elle nommait si tendrement « Rabboni[1] » allait lui être ravi :

» — Et toi, Marie, apprends à me posséder réellement en toi. Retire-toi au désert loin des hommes et près de Dieu, et le Christ sera en toi et ne te quittera plus. »

— Or, continua Théophile, des années se sont écoulées depuis que le Seigneur a quitté la terre, en laissant l'empreinte de ses pieds divins sur la montagne des Oliviers. Bien des événements se sont passés, et, de ceux qu'il a élus ses Apôtres, un seul est resté parmi nous. Tous les autres ont quitté cette terre en confessant le nom de Jésus-Christ. Pierre et Paul ont subi leur glorieux martyre à Rome ; Matthieu, qui nous a laissé un évangile, a souffert le martyre en Perse ; Thomas, après avoir porté la bonne nouvelle en Éthiopie, chez les Parthes et les Mèdes, est allé terminer sa carrière apostolique par le martyre, aux Indes ; Mathias, qui fut élu dans le Cénacle en remplacement de Judas, a souffert en Éthiopie ;

_____

(1) Voir le volume : RÉDEMPTION, p. 169.

Jacques le Majeur, frère de notre Jean, appelé en même temps que lui à l'apostolat par Jésus, fut le premier qui souffrit le martyre et ce fut à Jérusalem où devait mourir également Jacques le Mineur, frère de Jude, fils de Cléophas et neveu de notre Marie, alors qu'il était évêque en Sion; Jude, après avoir prêché dans la Mésopotamie, l'Arabie, la Syrie, l'Idumée et la Lybie, a confessé la Foi à Béryte; Barthélemi a souffert en Arménie, après avoir parcouru les Indes, l'Éthiopie et la Lycaonie; André, frère de Pierre, a été crucifié en Scythie et Philippe est mort à Hierapolis, en Phrygie.[1]

« Certes, on pouvait croire, après cela, qu'il serait bien difficile aux Apôtres, même à la prière de Marie, de venir assister à ses derniers moments. Mais, mon fils, tu le sais, la Foi peut triompher de tout; aussi, Marie n'a pas dû douter, un seul instant, que, malgré d'apparentes impossibilités, la promesse de son divin Fils se réaliserait. Et elle ne s'est pas trompée. Sa foi a fait ce miracle! »

Au détour du sentier, la petite maison apparut, blanche, aux fenêtres hautes, avec son toit plat en terrasse fleurie.

Presque toute la colonie chrétienne d'Éphèse y était réunie, composée, en majeure partie, de pieuses femmes qui priaient et pleuraient.

Jean, toujours accompagné de Pierre et de Paul, y entra le premier.

A sa vue, toutes les personnes qui remplissaient la première pièce de la maison, s'écartèrent respectueusement, et celles dont les yeux spirituels étaient ouverts, virent avec admiration sa sainte et illustre compagnie.

---

(1) Nous avons mis dans la bouche de Théophile le peu que la tradition et l'histoire nous ont appris concernant les Apôtres. Ici, comme sur bien d'autres points, l'histoire et la tradition sont obscures et incertaines.

— La Paix soit avec vous, mes petits enfants! dit le grand Apôtre, en passant au milieu d'eux.

— Et avec ton esprit! répondit la société des fidèles.

Il pénétra alors dans la pièce du fond.

La première chose qui le frappa fut la mystérieuse réunion des autres Apôtres qu'il salua gravement au nom de la Paix de Jésus-Christ.

Ils étaient là, tous, au complet, en habit de voyage, comme si chacun d'eux était arrivé, par des chemins naturels, des frontières les plus reculées de son apostolat.

Chacun d'eux avait à la main un bâton pastoral, long et crochu comme une houlette et orné d'attributs mystiques différents selon le rang de sa dignité.

Une large tunique traînant jusqu'à terre, mais relevée par une ceinture et s'ouvrant du haut en bas, formait la pièce principale de leur vêtement de dessous.

Un ample manteau de laine blanche drapait leurs épaules et l'une de ses parties se relevait de manière à envelopper la tête en guise de capuce, comme on en usait dans tout l'Empire romain avec la toge laticlave.

Dès que Jean fut en leur présence, tous lui donnèrent le baiser de paix, puis, ils quittèrent leur manteau, déposèrent leur bourdon et, desserrant leur ceinture, firent retomber sur leurs pieds nus, chaussés seulement de la crépida, les plis majestueux de leur ample tunique.

Jean se tourna, alors, vers le lit où la Vierge de Juda recevait les soins empressés de sa servante.

Elle était à demi assise sur l'étroite couchette, presqu'entièrement enveloppée dans une grande couverture qui ne laissait voir que son visage et ses mains diaphanes.

Aucun rideau ne séparait plus sa chambre du reste de la pièce.

— Apôtres de Jésus-Christ, mes enfants bien-aimés, leur dit-elle, je bénis mon Seigneur, d'avoir permis, selon sa promesse et à ma prière, que vous soyez tous réunis auprès de moi, en ce moment suprême.

Les Apôtres, alors, d'une seule voix s'écrièrent :

— Nous te saluons, Marie, pleine de grâce ; le Seigneur t'ombrage de sa tendresse et la Femme est bénie à jamais en ta personne, à cause de la sainteté du fruit de tes entrailles !

— Je vous bénis, dit-elle, lumineux flambeaux du monde, vous que mon Fils, mon Seigneur et mon Dieu, a choisis dès avant votre naissance, dans la lumière de ses éternels desseins, pour vous envoyer sur la terre, afin que vous soyez les maîtres des douze portes mystérieuses de la sainte Jérusalem et que vos noms soient inscrits sur les douze fondements de ces portes par où entreront les douze tribus d'Israël, pour aller s'abreuver aux ondes pures du divin Amour, fleuve de rafraîchissement qui jaillit du Cœur divin et, traversant comme une sève puissante, l'arbre aux deux troncs dont le feuillage uni forme une voûte au-dessus de son cours, y fait mûrir les douze vertus du Ciel qui produisent le renouveau du monde et la santé des élus ![1] Soyez bénis en mon Seigneur et notre Sauveur, vous qui brillez comme douze perles éclatantes à la ceinture de la Cité Nouvelle, éternelle épouse de l'Agneau ! parce que celui que vous introduisez sur terre est introduit au Ciel et que celui que vous rejetez sur terre est rejeté aussi hors de l'éternelle clarté du Royaume.

. . . .

Ayant ainsi parlé, la Vierge, comme si l'ardente contem-

---

(1) Les paroles que nous mettons dans la bouche de la Vierge sont tirées de l'Apocalypse de S. Jean. L'Apôtre n'avait pas encore écrit ce livre merveilleux, mais Notre-Seigneur qui avait enseigné à ses Apôtres le mystère du Royaume des Cieux leur avait donné à tous, ainsi qu'à Marie, l'intelligence des sublimes secrets qu'un seul d'entre eux, le plus aimé de Jésus, devait révéler au monde dans un livre qui fera toujours le désespoir des faux savants et l'admiration profonde de ceux en qui l'Esprit de Dieu aura daigné abaisser un rayon de ses clartés. (Apocalypse, ch. XXI-XXII.

plation de son esprit eut épuisé les forces de son corps dont la langue prophétisait, eut une défaillance.

Alors, la servante, empressée auprès d'elle, lui fit boire quelques gouttes de jus d'orange exprimé dans une coupe.

Elle revint, peu à peu, au sentiment de la vie terrestre et Jean lui demanda si elle avait quelques instructions à lui donner concernant l'emploi de ses biens temporels.

Marie les partagea entre sa servante et les pieuses femmes, ses amies.

Quand le partage fut terminé, l'Apôtre chéri du Christ s'avança vers le fond de la pièce où se trouvait le petit tabernacle contenant la croix, et prépara la table qui s'étendait auprès, pour y célébrer la cène du Seigneur.

Il rappela, en quelques paroles solennelles, les principales phases de l'institution eucharistique, puis, au milieu du silence et de l'adoration de tous les assistants, il prononça sur le pain et sur le vin, les paroles pneumatiques et sacrées qui font descendre dans les Espèces saintes, l'adorable présence du Verbe de Dieu. Il rompit le pain vénérable, en mangea et, après en avoir fait part à l'illustre et sainte moribonde, en donna aussi aux assistants.

Il retourna, alors, à l'autel et, ayant goûté au vin du calice salutaire, il prit la coupe basse et massive faite d'un précieux métal et vint donner à Marie à boire de cette eau vive du sang divin qui rejaillit jusqu'à la Vie éternelle.

Maintenant, Marie était muette et son visage rayonnait, en silence, de la gloire du Saint-Esprit.

Ses yeux étaient fixés vers le Ciel et, dans son ravissement extatique, elle ressemblait à une pure goutte de rosée qui tremble sur un pétale de lys, illuminée des feux diamantés du prisme et qui va s'enfuir sur des ailes de vapeur, aspirée par l'ardent amour du soleil.

Jean avait achevé le divin sacrifice; il tira de son sein une boîte brillante qu'il ouvrit pour y prendre des huiles consacrées, avec lesquelles il oignit le visage, les mains et les pieds de la sainte moribonde.

Soudain, pâlit l'éclat des lampes allumées pour le divin Sacrifice, l'opacité du toit disparut aux yeux émerveillés de Jean; une céleste harmonie descendit du ciel dans des tourbillons de lumière, une forme pure et radieuse s'échappa de la bouche de Marie et, comme un trait, s'élança sur la voie éclatante, escortée de douze étoiles qui avaient des voix suaves et qui chantaient :

— Gloire au Père! au Fils! au Saint-Esprit!...

Tandis que les chœurs des Esprits heureux, les cohortes blanches des martyrs, l'auguste famille des Patriarches, l'armée sereine des Prophètes, répondaient :

—AMEN! Bénédiction! Gloire! Sagesse! Reconnaissance! Honneur! Puissance et Force dans tous les siècles des siècles à notre Dieu! Amen!...

Quand les yeux de l'Apôtre se rouvrirent aux choses de la terre, sous le plafond de la petite maison, les lampes seules luttaient faiblement contre la clarté du jour.

Cependant, sur le lit autour duquel priaient et pleuraient les assistants, planait encore une vague harmonie et de la lumière parfumée et vaporeuse comme des brumes d'oliban que des charbons consument.

Pâle, exsangue, diaphane, la Vierge de Juda reposait, les yeux clos et les mains en croix sur sa poitrine.

Les onze Apôtres avaient disparu.

On était à l'heure de None du quatorzième jour d'août.[1]

---

(1) Trois heures après-midi, selon l'horaire antique. C'était l'heure à laquelle Jésus était mort sur la Croix. (Catherine Emmerich.)

IV

AUTOUR D'UN TOMBEAU.

Le sépulcre qui devait recevoir la dépouille mortelle de la Mère de Jésus était depuis longtemps préparé.

C'était une grotte étroite et basse qui s'ouvrait à quelque distance de la maison, à l'extrémité de la route qu'elle avait consacrée aux souvenirs des stations de la voie douloureuse qu'avait suivie jadis son divin Fils, pour aller au Golgotha.

Plusieurs disciples, au nombre desquels Théophile accompagné de Philippe, s'y rendirent, afin de mettre la dernière main aux préparatifs de la sépulture.

Pendant ce temps-là, dans la petite maison, on éteignait le brasero du foyer, en le couvrant de cendres, et l'on mettait en ordre tous les meubles.

A genoux, les pieuses femmes priaient et pleuraient, tandis que les disciples présents, la tête couverte du sudarium[1] qu'ils avaient enlevé de leur cou, psalmodiaient de lentes et graves prières.

(1) Nous avons déjà dit que le *sudarium* était une pièce du costume romain et, en général, du costume antique. Il se portait autour du cou; on en faisait souvent une coiffure; il avait plusieurs des usages de notre mouchoir. L'Église l'a conservé dans les vêtements liturgiques et en a fait l'*amict*, la première pièce du costume que le

Puis, on s'occupa du corps de la vénérable vierge, pour la sépulture.

Des saintes femmes arrivèrent, munies de linges fins et d'aromates, pour l'embaumer selon la méthode des Juifs.

On ferma la porte de la maison et on ralluma les lampes suspendues au plafond, tandis que les disciples se retiraient dans la première pièce, par modestie et respect, et y continuaient la psalmodie des prières.

Pendant ce temps-là, plusieurs des pieuses femmes qui avaient apporté des parfums, lavèrent soigneusement le corps de Marie, sans le regarder, après l'avoir entièrement recouvert d'un grand voile et sans lui avoir retiré sa longue tunique de laine brune.

A mesure que l'eau des bassins était employée, la servante allait la vider pour en rapporter d'autre.

Quand cette première toilette fut achevée, le vénérable corps fut enveloppé de bandelettes abondamment garnies d'aromates, des pieds à la poitrine, de sorte que la tête, la poitrine, les pieds et les mains restaient seuls découverts.

Jean, alors, s'approcha et, avec de l'huile bénite, fit sur la tête, la poitrine, les pieds et les mains de la sainte morte, de nouvelles onctions en forme de croix et en récitant de touchantes prières.

Puis, les femmes s'occupèrent à bourrer de bouquets de myrrhe tous les vides qui se trouvaient entre le corps et les bandes qui l'enveloppaient. Elles en remplirent et en entourèrent le cou, les épaules, les aisselles, la gorge, les pieds, le creux de l'estomac et les bras et, après avoir coupé, insignes reliques, des boucles à la belle chevelure de la Vierge, elles croisèrent ses bras sur sa poitrine et replièrent sur le

prêtre revêt pour la célébration de la messe, et qu'il commence par placer sur sa tête, en priant Dieu de le « casquer de Justice et de Salut contre les puissances du mal. » *Impone, Domine, capiti meo galeam salutis, ad expugnandos diabolicos incursus.*

corps les pans du grand suaire sur lequel il était étendu.

Cela fait, on l'emmaillotta encore avec une longue pièce d'étoffe qui en faisait plusieurs fois le tour, puis on recouvrit le visage d'un voile transparent sous lequel il apparut pâle et lumineux, au milieu des bouquets de myrrhe odorante, comme la face argentée de la lune sur laquelle passe, sans la voiler, une mousseline vaporeuse de nuages légers.

Avec respect, alors, on mit le corps dans le cercueil promptement préparé et fait de bois léger et aromatique, sur lequel allait s'adapter un couvercle très bombé.

On déposa sur la poitrine de la Vierge une couronne de fleurs au symbolisme virginal et chacun vint, une dernière fois, contempler les traits mortels de la Mère du Christ, avant que le sépulcre en ait fait sa proie.

Enfin, au milieu des prières, des pleurs et des sanglots, le couvercle fut attaché au cercueil, à l'aide de bandelettes de laine grise ; Jean prit son manteau et son bâton apostolique et ouvrit la marche funèbre, suivi par les disciples qui se relayaient tour à tour pour porter la sainte dépouille à la suite de laquelle toute la colonie chrétienne, en deuil, marcha, recueillie et en bon ordre, chacun tenant à la main un bou-quet de myrrhe.

Le soir était venu et la marche funèbre était éclairée par des falots, que plusieurs portaient, attachés à des bâtons flexibles de palmier qui balançaient leurs lueurs comme de petites et tremblotantes étoiles.

C'est dans cet ordre que l'on suivit la voie douloureuse où Marie avait marché et médité tant de fois sur les mystères de la Passion de Jésus et, qu'à pas lents, on arriva, par les sentiers, à la station figurant le Golgotha auprès duquel était creusée la grotte du tombeau, en mémoire du sépulcre de Joseph d'Arimathie qui s'ouvrait, lui aussi, sur les flancs du Calvaire.

Arrivé là, Jean bénit le tombeau et les porteurs déposèrent le cercueil sur la pierre qui avait été placée pour le soutenir, puis, chacun entra, à son tour, dans la grotte et jeta auprès du cercueil qui, bientôt, en fut couvert, son bouquet de myrrhe.

Enfin, comme la nuit s'avançait, on se résigna à quitter cette chère et illustre dépouille. Quand l'accès de la grotte fut, dégagée, les hommes qui avaient travaillé au sépulcre en fermèrent l'entrée avec une large pierre, creusèrent devant un fossé qu'ils plantèrent activement d'arbustes en fleurs ou portant déjà des fruits, enlevés à des massifs voisins, formant ainsi devant la grotte une défense naturelle qu'ils augmentèrent encore en y faisant passer un petit cours d'eau détourné pour la circonstance et dans cette prévision.

Ils s'en retournèrent, alors, silencieux et pleins de méditations profondes. Ils n'avaient plus de larmes pour pleurer et leurs langues se refusaient à échanger les pensées de leurs cœurs.

Cette fois, Jean marchait le dernier, solitaire, ayant refusé toute compagnie pour le retour.

Nul n'osait interrompre sa méditation et, bientôt, il s'aperçut qu'il était seul sur le chemin.

Il s'arrêta, alors, et s'assit près d'une des pierres qui marquaient les stations de la voie douloureuse, et, les mains appuyées sur son bâton apostolique, il leva les yeux vers la petite colline dans les flancs de laquelle reposait maintenant le corps de Marie.

Quelle ne furent pas sa joie et sa stupeur au spectacle radieux qui s'offrit, en ce moment, à sa vue !

Perpendiculaire au tombeau où elle aboutissait, venant des plus vertigineuses altitudes du Ciel, une large traînée de lumière formait un canal radieux le long duquel des cohortes de purs esprits agitaient la gloire étincelante de leurs ailes diaphanes aux reflets de topaze limpide. Et Jésus, lui-même, descendait dans un triple rayonnement de flammes, avec ses plaies glorifiées dont le sang étincelait comme des rubis frappés par l'éclat du soleil ; puis, une vapeur lumineuse dans laquelle souriait le visage virginal de Marie, s'arrêta sur le tombeau qui s'ouvrit aux yeux de Jean, et l'Apôtre vit l'âme de la Vierge rentrer dans son corps qui, à son contact, prit l'aspect d'une matière subtile au delà de toute expression, et susceptible de pénétrer la matière lourde des choses sensibles.

Jean vit distinctement toutes les molécules du respectable corps de Marie changer de nature presque subitement et ce corps s'échapper, comme un parfum exquis et lumineux, de l'étroite prison des bandelettes, du suaire, du cercueil et du tombeau et monter, environné d'esprits célestes, le long de la lumineuse voie qui reliait, nouvelle échelle de Jacob, la terre aux cieux, tandis que, sur les bords de ce fleuve de feu, les anges de ténèbres et les puissances de l'abîme se tordaient dans l'épouvante, ricanaient dans l'impuissance ou blasphémaient dans la haine.

L'Apôtre, alors, se jeta à genoux et rendit gloire à Dieu pour l'avoir favorisé de la vision d'une si radieuse et consolante merveille.

Quand il se releva, la colline n'avait plus d'autre splendeur que celle des étoiles qui parsemaient de points d'or la voute azurée des cieux.

Comme il allait reprendre sa route, les feuillages d'un buisson de mélèzes s'écartèrent et un homme de haute stature le regarda fixement, puis, s'inclinant devant lui, avec respect :

— Es-tu Jean? lui dit-il, celui qui passe pour avoir été le confident d'un Dieu voyageant sur la terre sous les apparences humaines, ou me trompé-je en te saluant comme tel?

L'Apôtre fixa les yeux sur l'inconnu et lui dit d'un ton doux :

— Retourne à Rome, d'où tu viens, Caïus-Lucius-Verus, car ta présence y sera indispensable dans un temps si court qu'à peine as-tu le loisir d'exécuter le voyage.

A ces mots, le Romain ne put retenir un cri de profond étonnement :

— Homme vénérable, s'écria-t-il, je n'ai plus besoin maintenant, de te demander si tu es ce Jean duquel j'ai conçu une si haute estime. Quoi! nul ne t'a appris mon nom et tu le connais! Nul ne t'a dit d'où je viens et tu sais que je viens de Rome!... Ne me permettras-tu pas de t'entretenir sur de graves questions?

— Retourne à Rome, dit Jean, retournes-y promptement, le temps n'est pas venu pour toi, mais il viendra avant peu. Ce que tu veux me dire, je le sais, et je t'en donne la réponse par avance, afin que, lorsque le temps sera venu, tu croies sans hésitation. Je te le dis encore une fois, retourne à Rome, jeune homme, retournes-y sans regarder derrière toi; il y va de la vie de ce que tu as de plus cher!

La lune, en ce moment, frappait en plein, de sa lumière, la plaque d'or qui entourait la tête vénérable de Jean et ses pâles reflets étoilaient son front d'une majesté prophétique.

Le romain en fut ému autant que de ses paroles mystérieuses et résolut d'obéir au conseil de celui qu'il avait cru un grand philosophe et que, maintenant, il regardait comme le plus grand des devins.

Après l'avoir salué profondément et l'avoir assuré de sa docilité à exécuter ses ordres, Caïus s'éloigna d'un pas rapide sur le sentier qui menait à Éphèse.

Quant à Jean, il vint prendre le repos de la nuit dans la petite maison maintenant désertée par sa douce et sainte hôtesse, mais il garda le silence sur ce qu'il avait vu, priant seulement Dieu de confirmer le prodige en permettant qu'il fût découvert et constaté pour la gloire de Jésus-Christ et de sa vénérable Mère.

V

Le soleil se levait sur les montagnes et dorait, des rayons de sa lumière matinale, la terrasse fleurie de la sainte maison.

Déjà, une grande partie de la pieuse colonie y était réunie pour prier et y évoquer, dans l'oraison fervente, la douce figure de l'absente vénérée.

Cependant, une petite troupe gravissait les sentiers, à la suite d'un vieillard alerte qui paraissait la conduire.

Du seuil de la maison, quelques saintes femmes les virent et en donnèrent la nouvelle à ceux qui y étaient rassemblés.

Quelques-uns des disciples se portèrent au-devant d'eux, ne doutant pas un seul instant qu'ils fussent des fidèles de Jésus-Christ venus de loin, après avoir été avertis de ce qui se passait.

— La Paix de Jésus-Christ soit avec vous, mes frères et mes sœurs, dit le vieillard, en les saluant. L'ange du Seigneur nous a appris que la vénérable Marie touchait à sa dernière heure et moi qui suis celui que le divin Jésus ressuscita naguère à Naïm pour me rendre à ma mère éplorée, je me suis aussitôt mis en route avec ceux-ci pour venir apporter à la sainte Mère de mon Seigneur, les hommages de notre respect et de notre vénération. Dites-moi, mes frères, n'arrivé-je pas trop tard?

— Hélas! lui répondit un disciple, tu l'as dit, respectable vieillard, tu arrives trop tard; depuis hier, nous avons déposé dans le sépulcre le vénérable corps de Marie.

A ces mots, le vieillard et tous ceux qui l'accompagnaient éclatèrent en gémissements douloureux.

— Hélas! hélas! disaient-ils, qui nous ouvrira la pierre du tombeau pour nous permettre de contempler une dernière fois, les traits augustes de la Mère du Seigneur!

— Allons à Jean, dit le disciple qui avait parlé au vieillard, et peut-être qu'il permettra que cette pieuse consolation vous soit donnée.

Les voyageurs achevèrent de gravir le sentier; ils entrèrent dans la maison et se mirent à genoux, pour prier, dans la chambre où Marie avait rendu le dernier soupir, pendant qu'on prévenait Jean de ce qui se passait.

Quand leur prière fut finie, on leur présenta les bassins d'eau pour leur laver les pieds; puis, on leur offrit du pain, du miel et du vin dans des coupes.

Ils se restaurèrent, après avoir appelé sur leur nourriture la bénédiction divine.

Ils achevaient leur frugal repas, lorsque Jean arriva, leur souhaitant la bienvenue au nom de Jésus-Christ.

— Mes frères, leur dit-il, joyeux dans son cœur à la pensée que le miracle dont il avait été témoin la veille allait éclater au grand jour et être connu de tous par la volonté de la Providence divine, je ne puis vous refuser de contempler une dernière fois les traits bénis de notre Mère. Levez-vous et allons au sépulcre.

Ils remirent leurs sandales, serrèrent leur ceinture et reprirent leur manteau, et, tout en psalmodiant des prières, prirent le chemin du tombeau.

A chaque station de la voie douloureuse, ils s'arrêtaient,

méditant un instant sur chacun des mystères dont le signe était gravé sur les pierres de la route.

Par intervalles, ils s'entretenaient des sublimes vertus de la Mère de toutes les grâces et de toutes les douleurs.

Enfin, le mamelon qui figurait le Calvaire apparut à leurs yeux ; ils s'y arrêtèrent, un instant, devant la figure de la Croix, puis, descendirent à la grotte dans laquelle on avait déposé, la veille, au milieu de la myrrhe en bouquets, le corps de Marie.

Après avoir écarté les arbustes qui en dissimulaient l'entrée, ils enlevèrent la pierre qui fermait le sépulcre et, lorsque le cercueil leur apparut, sur la table de granit, presque enfoui sous les feuillages odorants, ils s'agenouillèrent pour prier devant la sainte dépouille.

Quand leur prière fut terminée, ils s'approchèrent, avides de contempler une dernière fois les traits de la Vierge de Juda.

Deux disciples écartèrent les bouquets de myrrhe et délièrent les bandelettes qui retenaient le couvercle du cercueil qu'ils enlevèrent avec précaution.

— Approchez-vous, mes frères, et voyez, leur dirent-ils, à travers ce voile transparent, les traits de notre Mère.

Mais un cri de stupeur partit aussitôt de toutes les poitrines.

Les linges qui avaient servi à l'ensevelissement étaient entièrement vides. Quoique les bandelettes eussent été déliées, ils avaient conservé la même disposition et la forme du corps qui y avait reposé quelques heures.

Et, de proche en proche, ce cri de douleur et d'angoisse se répéta sur toutes les bouches :

— Elle n'est plus ici ! On a dérobé le corps de notre Mère ! Seigneur, ayez pitié de nous !...

Alors, Jean éleva la voix, après avoir demandé qu'on l'écoutât en silence.

— Mes frères bien-aimés, dit-il, ne pleurez pas ! Sachez

qu'on n'a pas plus dérobé le corps de Marie qu'on n'avait dérobé, autrefois, celui de Jésus. Moi, Jean, je rends devant vous témoignage du miracle, car j'ai vu de mes yeux, hier, pendant que vous retourniez en vos demeures, une éblouissante lumière planer sur le tombeau sacré de notre Mère. J'ai vu Jésus, lui-même, descendre dans une gloire éclatante, entouré des puissances angéliques du Ciel et j'ai vu l'âme sainte de notre Mère descendre avec lui, pénétrer dans ce tombeau et prendre de son corps une possession nouvelle et glorieuse, puis, ce corps changé, glorifié, métamorphosé en lumière, s'élever du cercueil, à travers le rocher, et monter, soutenu par les Anges, dans le Royaume des Cieux. Mes frères, soyons en joie, au contraire, et rendons gloire à Dieu!...

Aussitôt convaincus par les paroles de Jean, tous chantèrent les louanges du Seigneur dans des hymnes spontanées que le Saint-Esprit mettait sur leurs lèvres tremblantes du frémissement des émotions saintes.

Quelques-uns avaient entrevu, et se le rappelaient entre eux, un nuage lumineux suspendu, la veille, au-dessus du sépulcre, et ils se souvenaient de s'être souvent retournés pour le contempler et de l'avoir vu, enfin, s'élever dans les airs et disparaître dans la profondeur azurée du ciel.

Jean recueillit, dans le tombeau, les linges qui avaient servi à l'ensevelissement de Marie, les plia et les roula pour les conserver comme d'insignes reliques.

Puis, ils replacèrent le couvercle sur le cercueil et rattachèrent, de nouveau, les bandelettes de laine qui servaient à le fixer.

Tout fut remis dans le même état et la grotte fut soigneusement refermée.

Alors, chacun reprit, en chantant des hymnes d'allégresse, le chemin de la maison de la Vierge où Jean célébra solennellement la Cène du Seigneur.

Conformément à la volonté de Marie, l'Apôtre bien-aimé

Le bruit de l'enclume et du marteau arrêta l'insecte,
et l'atroce souffrance qu'il en ressentait cessa. (P. 68.)

partagea les vêtements qu'elle avait portés, sur la terre, ou qu'elle avait conservés sans en faire usage, la simplicité de sa vie et sa modestie l'empêchant de se parer d'étoffes précieuses.

Parmi ces vêtements, en effet, se trouvaient, la riche robe de noces que porta la Vierge le jour de son union avec Joseph et qu'elle avait mise, depuis, à l'occasion des noces de Cana, dont l'un des époux appartenait à sa famille, et des tapis précieux et des tissus superbes que, jadis, au temps de l'Épiphanie, les mages avaient déposés à ses pieds, dans la pauvre caverne où le Dieu fait Homme, vagissait sur la crèche.

Enfin, le temps de la séparation arriva.

Tour à tour, seuls ou deux à deux, les disciples qui étaient venus des contrées lointaines, se remirent en route pour continuer le cours de leurs travaux apostoliques.

Plusieurs pieuses femmes qui n'étaient venues de Jérusalem se fixer à Éphèse que pour être plus près de la Mère du Seigneur, retournèrent à Sion ou dans ses campagnes prochaines.

On consolida, une fois de plus, les entourages du tombeau auprès duquel on fit un agréable jardin verdoyant et fleuri.

La petite maison fut transformée en église et nul n'y entra plus que pour prier.

La veille, une galère avait appareillé dans le port, faisant voile pour l'Italie, Caïus-Lucius-Verus, obéissant à l'ordre qu'il avait reçu de Jean, était parti pour les rives aimées du Latium, sentant vaguement que son cœur s'ouvrait à des sentiments nouveaux dont il lui était impossible de définir la nature et, confiant dans l'avenir pour lui montrer la voie inconnue qui, peut être, allait se révéler à lui.

Quelques jours après, s'étant reposé, Jean se disposa à quitter Éphèse, ayant entrepris de visiter Rome pour apporter aux églises de la cité impériale, les consolations de sa parole et les bénédictions de sa vieillesse.

Toute la colonie chrétienne pleura à ses pieds, en songeant

aux fatigues nouvelles qui attendaient son pasteur bien-aimé.

Une dernière fois, Jean célébra le mémorial sacré de la Cène du Seigneur, au milieu de ses enfants, et ce fut sur un autel dressé sur le tombeau même de la Vierge Mère devenu un sanctuaire orné de tapis précieux.

Puis, ayant serré sa robe pour le voyage et relevé son manteau, appuyé sur le bourdon apostolique, il fit ses adieux à toute la colonie fidèle.

— Mes petits enfants, leur dit-il, je vais rendre témoignage à Jésus-Christ, mais je vous reviendrai. Soyez fidèles. Et surtout, n'oubliez pas le commandement suprême du Seigneur, qui est le mien, aussi : Mes petits enfants, aimez-vous les uns les autres ! Aimez-vous jusqu'au sacrifice et Dieu vous bénira ! Adieu !

Et il les quitta, tandis que, prosternés, ils baisaient la terre dont la poussière portait l'empreinte de paix, d'évangile et de bénédiction des pieds apostoliques.

DEUXIÈME PARTIE

ROME

I

LE SECRET DE CAIUS.

— Eh! salve, Caïus! Que fais-tu depuis tantôt longtemps,
loin des intérêts de ta maison? On dit que tu voyages en pays
lointain, est-ce pour ta fortune, ton instruction ou tes plaisirs?

— Que les dieux soient loués! dit le voyageur, la rencontre d'un ami, à mon retour à Rome, est d'un heureux présage. Que se passe-t-il présentement ici, Cornelius?

— Rien que des choses ordinaires, banales, dont nous
sommes fatigués depuis que le divin Néron et tous les divins
Augustes qui l'ont précédé ou suivi nous en ont servi de
semblables, au point de nous donner des indigestions d'horreurs. Vespasien et Titus, il est vrai, nous avaient un peu
reposé des Othon, des Vitellius, des Galba, des Néron;
Domitianus avait paru, dans les commencements, marcher
sur leurs traces et vouloir même les dépasser en sagesse et
en magnanimité; on se fatigue de tout, même des bons
chemins; aussi, Domitianus est entré dans les mauvais.

— Il s'y embourbera!

— C'est déjà fait ! Mais d'où viens-tu ?

— D'Asie !

— Eh ! dieux immortels ! Caïus, qu'as-tu été faire en Asie, je te le demande ?

— Rien, sans doute.

— On ne fait pas de pareils voyages pour rien. Pardonne-moi mon indiscret intérêt, car ce n'est pas par curiosité que je t'interroge.

— Ami, répondit Caïus, je n'ai aucune raison de me cacher de toi, car, entre toi et moi, existent des liens d'ancienne amitié qui se sont noués presqu'au berceau et que rien n'a jamais disjoint. Entrons dans ce bosquet consacré à Cybèle, et je te dirai mon secret.

Ils quittèrent la via Sacra sur laquelle ils s'étaient rencontrés, contournèrent l'enceinte de l'immense amphithéâtre de Vespasien,[1] laissant, à leur gauche, le temple de Rome et de Vénus et entrèrent dans le bosquet, non loin du théâtre de Titus bâti sur le flanc des Esquilies chères aux muses latines.

Le bosquet était solitaire, ils s'assirent sur un banc de marbre, à l'abri d'un des massifs du temple rond de la déesse.

— Ecoute, dit alors Caïus à voix basse. Tu sais que ma famille est illustre et que plusieurs de mes ancêtres ont mar-

---

(1) Le Colisée commencé par Vespasien et inauguré en l'an 80 par Titus son fils et successeur. Ce cirque immense qui étonne par ses ruines grandioses, était appelé aussi l'amphithéâtre des Flaviens. Bâti en forme d'ellipse, son grand axe mesure deux cents mètres et son petit axe cent soixante-sept mètres. Son mur extérieur haut de cinquante mètres est formé de quatre étages comprenant les quatre ordres d'architecture : Dorique au rez-de-chaussée, ionien au premier, corinthien au second et composite au troisième. Cent mille spectateurs pouvaient prendre place sur ses gradins ; l'arène, longue de quatre-vingt-dix mètres sur soixante, était assez profonde pour servir de naumachie. Dix mille prisonniers juifs y combattirent cinq mille bêtes féroces et y périrent dans des fêtes que Titus y donna pendant cent jours. Mais la gloire du Colisée est d'avoir vu, pendant des siècles, le sang chrétien y couler à flots, et nous le verrons au cours de cette histoire. Son nom indique ses proportions colossales : « *Circus colosseum.* »

qué dans l'histoire et les destinées de Rome. Et tu sais ce qui reste de ma famille, présentement, une vierge, grande prêtresse de Vesta, et un philosophe que la vie ne séduit plus.

— Certes, je sais cela, Caïus, ta maison se meurt d'illustration et d'honneur. Par le sacerdoce, tu touches au trône des Césars ; que veux-tu de plus ? La Grande Vestale n'est-elle pas la plus glorieuse couronne de ta lignée ? N'est-ce rien que d'être Grande Vestale ? Avoir la garde suprême du divin Palladium,[1] qu'après la guerre de Troie, Enée apporta, dans le plus grand mystère, sur les rives du Latium ; veiller à l'entretien perpétuel du feu sacré dans le mystère du sanctuaire ; avoir devant la loi tous les privilèges des majeurs indépendants, le droit même de tester du vivant de son propre père, sans l'entremise d'un curateur, alors que les lois de Rome tiennent les autres femmes dans une éternelle tutelle ; être crue sur parole, en justice, sans que personne ait le droit de réclamer d'elles un serment ; voir un licteur porter devant leurs pas, les faisceaux, chaque fois qu'elles sortent en public ; quand elles rencontrent dans les rues un criminel

---

(1) D'après la légende grecque, l'image en bois de Pallas (Minerve), déesse de la Sagesse, jetée sur la terre par Jupiter, tomba du ciel près d'Illus, pendant que ce prince construisait Ilium (Troie). L'oracle d'Apollon déclara que la ville nouvelle ne pourrait être prise tant que le *Palladium* se trouverait dans ses murs, les Grecs chargèrent Ulysse et Diomède de le dérober ; ils y parvinrent et Troie fut prise par les assiégeants. Mais la légende romaine voulait qu'Ulysse et Diomède ne se fussent emparés que d'un faux Palladium, et que le vrai Palladium ait été transporté de Troie en Italie par Enée et, depuis, conservé avec le plus grand secret dans le temple de Vesta à Rome. Cette double légende cache un mythe religieux. Le polythéisme grec avait pour bible l'Iliade, dont Homère était en quelque sorte le Moïse. La légende du Palladium indique le passage dans le Latium alors naissant, de la religion de la Grèce avec toutes ses influences supposées divines, religion dont l'Enéide est un des livres et Virgile le chantre à l'imitation d'Homère, mais dont les livres Sybillins dont il a été parlé au premier volume : *La Promesse accomplie*, étaient, en quelque sorte, l'apocalypse et contenaient les prévisions de ses destinées, depuis son origine jusqu'à sa fin amenée par l'avènement de Notre-Seigneur Jésus-Christ et de son Évangile.

allant au supplice, lui sauver la vie par leur seule présence,
rien qu'en affirmant que la rencontre est fortuite; avoir la
première place au cirque et dans les spectacles; être nourries
et entretenues aux frais du peuple romain, n'est-ce pas là un
sort magnifique et une véritable magistrature? Tel est le sort
des Vestales sur lesquelles ton illustre sœur Cornelia brille
d'un noble éclat. Quant à toi, Caïus, que peux-tu désirer que
tu ne puisses obtenir avec ta grande fortune? N'accuse pas
les dieux si tu vis à part comme un philosophe morose.

— Tu vantes à plaisir un bonheur qu'un ver importun a
gâté dans sa fleur, mon cher Cornelius. Laisse-moi donc te
dire le secret qui me pèse.

— Parle.

— Une épée de Damoclès est suspendue sur notre tête.
Un fil la retient, fragile, et que le temps use de sa dent
impitoyable.

— Et qui donc a suspendu ce glaive qui t'épouvante?

— Apollon de Delphes, ou plutôt, c'est l'oracle de ses
trépieds qui a signalé le danger.

— Et depuis quand?

— Depuis longtemps; et ce ne sont pas nos oreilles qui
ont entendu ses paroles.

— Tu me fais bouillir d'impatience!

— J'ignorais l'existence de cet oracle et quand, en dérou-
lant récemment de vieux volumes enfermés dans un ancien
coffre de famille, j'ai lu, par hasard, les termes de cette
énigme, j'ai été plus intéressé qu'effrayé. J'ai pris ce volume
et je l'ai porté à ma sœur, afin de lui demander son avis sur
ce qu'il contenait. Elle le prit en tremblant, le lut et une
pâleur affreuse envahit son visage.

— As-tu lu, me dit-elle, ces lignes néfastes?

— Oui, mais je ne les ai pas comprises. En possèdes-tu
le sens, toi-même?

— Non, me répondit la grande Vestale, mais je le

pressens terrible. C'est la prophétie par laquelle l'oracle d'Apollon Delphien a, jadis, révélé à notre aïeul, le sort de sa postérité. Nul, dans notre famille, n'a jamais pu l'interpréter, et aucun devin n'a voulu dévoiler ce qu'Apollon avait révélé dans ces mots obscurs.

— Faut-il donc, lui demandai-je, se résoudre sans remède aux caprices cruels du destin?

— Non, peut-être, me dit-elle pensive, quoique la lutte soit par trop inégale; mais, sache que cet oracle a fait germer la terreur dans notre famille et que ce fût pour apaiser les dieux que, dès l'âge de six ans, je fus vouée au culte et aux autels de Vesta. Mais, mon frère, une voix secrète m'avertit que les dieux ne sont pas apaisés et que cet oracle menaçant est toujours suspendu sur notre tête. Pars donc et visite les sanctuaires; demande à tous les trépieds la signification de ces paroles, n'épargne ni les prières ni les sacrifices.

— Et voilà le mystère de tes longues pérégrinations?

— Oui, j'ai porté mes pas, partout où m'a attiré la renommée des oracles.

— Et tu as, enfin, atteint le but de tes travaux?

— Non!

Cornélius secoua tristement la tête.

— Les dieux, dit-il, ne t'ont pas été favorables?

— Te le dirai-je, Cornélius, un vent cruel semble souffler sur leurs autels et dévaster leurs sanctuaires. Dans la plupart des temples, les oracles sont muets sur les trépieds immobiles et sans mystères; dans ceux où quelques voix essaient de se faire entendre, elles ne rendent que des sons qui sont des gémissements qui pleurent l'incohérence de leurs idées et la désolation de leur impuissance.

— Et quelle est la cause de ce bouleversement?

— Une cause étrange et singulière.

— Mais encore?

— Il paraît que les dieux sont frappés d'impuissance et

de mutisme depuis que ces hommes que nous avons vu
mourir sous la dent des bêtes féroces, dans le cirque, sous
l'accusation de religion étrangère, se sont répandus dans le
monde pour prêcher une doctrine tellement singulière que
les histoires les plus extravagantes courent, dans le peuple,
sur leurs mystères.

— Tu veux parler de ces Galiléens qui tiennent aux
Juifs par tant de points qu'on peut les confondre avec eux.
Je crois me souvenir qu'au temps où Néron faisait ses folies
avec Simon, celui-ci eut maille à partir avec eux, qu'il
voulait obtenir de César leur extermination et que, le jour où
il tenta de voler dans les airs et tomba si misérablement
comme un oiseau subitement déplumé, il dut sa chute à
l'intervention d'un autre Simon plus puissant que lui et qui,
depuis, a été crucifié au Janicule.

— C'est cela ! Je me suis enquis adroitement auprès de
quelques uns, mais ils sont très discrets et je n'ai pu
obtenir d'aucun d'eux le secret de leurs mystères. J'ai
compris, cependant, que leur Dieu était l'expression de la
plus magnifique bonté qu'il soit possible d'imaginer ; mais,
quand j'ai demandé à être introduit dans ses temples, pour
consulter ses oracles, tous m'ont répondu que leur Dieu
ne rendait pas d'oracles et qu'il avait en abomination les
pythonisses et leurs trépieds.

« Cependant, j'apprenais, en même temps, qu'il donnait à
ses adorateurs une foule de pouvoirs sur les êtres et les
choses et que, pour eux, la divination était un jeu.

» J'appris également que, parmi ceux qui avaient conversé
directement avec ce Dieu pendant le temps qu'il avait passé
sur la terre, un vieillard, encore vivant, restait, demeurant
en Asie ; et je partis pour l'Asie. »

— Et tu ne rencontras point ce vieillard ?

— Détrompe-toi, Cornélius, je l'ai rencontré à Ephèse,
après de longues recherches et je lui ai parlé.

— Que t'a-t-il dit?

— Sans me connaître, il m'a appelé par mon nom et m'a dit de retourner à Rome, promptement, car ma présence y était, selon lui, nécessaire. J'ai essayé vainement de l'interroger, je n'ai pu obtenir de lui autre chose que ce conseil donné sur le ton d'un ordre persuasif.

— Et comment a-t-il interprété l'oracle qui fait ton tourment, par sa menaçante et terrible obscurité?

— Il n'a même pas voulu en prendre connaissance. Toutefois, il y avait tant d'autorité dans sa parole, tant de persuasion dans sa personne, tant de douceur dans son aspect que mon cœur se sentit pris par une conviction sans réplique. Je partis sur le premier vaisseau qui fit voile vers l'Italie et me voici, ne sachant encore rien de ce qui m'attend.

— Et cette prophétie? demanda Cornélius...

Caïus, tira de la bourse qui pendait à sa ceinture, un rouleau exigu de vellum et le tendit à son compagnon.

Cornélius le déroula et lut ces paroles obscures :

« *Crains la lampe qu'on ne remplit qu'une fois; crains l'arbre qui n'a plus que deux branches sans fruit. Crains le temps où une voûte menacera la moitié de ta dernière tête, au temps où des vertus surgiront de la boue. Quand on aura clos la bouche d'Apollon. Quand un signe nouveau triomphera de tout. Quand le sang deviendra lumineux comme de l'essence de soleil. Quand, au nom d'un grand nom, tous les noms pâliront. Fais surgir le salut de la perte, et, du mal, extrais le bien. Le vieillard te dira le mot inconnu, car le vieillard aura les secrets de splendeur. Etroit est le sentier, prends garde au gouffre sombre, mais rien n'empêchera l'effroyable descente.* »

— Etrange! murmura Cornélius, les yeux toujours fixés sur le vellum et le front plissé. Et nul devin n'a pu éclaircir ces phrases à tes yeux?

— Aucun!...

— Et ce vieillard lui-même, que tu as été visiter en Asie et qui, peut-être, était celui que l'oracle...

— Il m'a donné l'espérance, mais il a refusé de rien apprendre de moi, prétendant qu'il savait ce qui m'intéressait. Il a même ajouté que je le reverrais dans un avenir prochain, pour accomplir une destinée que je ne soupçonne pas.

— Si ce vieillard est un véritable devin, tu es sauvé, Caïus, dit Cornélius avec une nuance de soulagement. — Et puis, ajouta-t-il, qui te prouve que cet oracle vous vise?

— L'évidence des faits, Cornélius. Ne sommes-nous pas, ma sœur et moi, les derniers rejetons de notre famille, la dernière branche qui ne porte point de fruit?

— Présentement, oui, mais vois la vanité de l'oracle que tu peux faire mentir à ton gré. Qui t'empêche de fonder une famille et de perpétuer ainsi ta race? Ta sœur, elle-même, quand le temps de son vœu sera passé,[1] ne pourra-t-elle pas fonder une famille, elle aussi? et vous transmettrez à vos descendants cet oracle du destin désormais sans portée et que votre prudence aura fait mentir.

— Salve! Cornélius dit Caïus en se levant et en arrangeant les plis de son manteau; je vais de ce pas, au temple de Vesta, instruire ma sœur du résultat de mes démarches à travers le monde.

— Vale! dit Cornélius, que les dieux te protègent!

Caïus serra soigneusement le rouleau dans la bourse suspendue à sa ceinture, et les deux amis sortirent du bosquet, pour prendre chacun un chemin différent.

____

(1) Les Vestales, à Rome, entraient au service de la déesse entre l'âge de six et dix ans. Elles devaient rester attachées au temple pendant trente ans et garder pendant tout ce temps une chasteté rigoureuse. Celles qui y manquaient étaient enterrées vivantes. Mais après ces trente ans elles étaient libres de se retirer et de se marier à leur gré.

II

AUGUSTE.

Le règne sage de Titus n'avait duré que vingt-six mois.[1]

Alors qu'il allait visiter ses campagnes de la Sabine, héritage paternel, il fut pris d'une fièvre violente qui ne laissa bientôt plus d'espoir.

Il ouvrit les voiles de sa litière, regarda le ciel avec des larmes et dit tristement :

— Pourquoi mourir si tôt!...

Ce prince qui avait été appelé par le peuple « *Les délices du genre humain* » laissait, chose rare pour un empereur romain, une bonne renommée.

Les rumeurs, sur cette mort, étaient variées.

— Tu sais la nouvelle, disait un romain, à un ami de rencontre sous les portiques du Forum?

— Oui! Titus a bu du vin que son frère Domitianus lui a versé avec l'aide de quelque Canidie.[2]

Mais un juif qui regagnait le Transtévère murmura entre ses dents en les entendant :

(1) Du 23 juin 79 au 13 septembre 81.

(2) Célèbre empoisonneuse dont le nom est resté pour désigner toutes les faiseuses de philtres mortels.

— Insensés! ne comprennent-ils pas qu'Adonaï, lui-même, a frappé le sacrilège et qu'il a pris pour ministre de sa vengeance la plus infime des créatures de la terre! Ainsi périsse quiconque est l'ennemi d'Adonaï Elohim!

Une terrible légende courait, en effet, le Transtévère, concernant la vengeance exercée, dans l'esprit des Juifs, par Dieu sur Titus qui avait détruit Jérusalem et rasé Sion.

On racontait que Titus retournant en Italie avec les vases sacrés ravis par lui dans le Temple de Jéhovah, fut assailli par une furieuse tempête. Alors, il s'était écrié, devant la fureur des vagues qui menaçaient d'engloutir ses vaisseaux :

— Le Dieu des Juifs, n'a donc de pouvoir que sur mer où il engloutit jadis le Pharaon? S'il est vraiment Dieu, qu'il me combatte sur terre!

A peine avait-il parlé, qu'une voix répondit aussitôt, avec sévérité :

— Méchant, fils de méchant, sache que j'ai donné la vie à une créature infiniment petite, et que c'est elle qui combattra pour moi, contre toi.

Dès que Titus eut abordé les rives de l'Italie et mis pied à terre, un moucheron entra dans ses narines et monta dans son cerveau qu'il rongea pendant sept ans.

Affolé, le prince ne savait comment se débarrasser de cet hôte importun et cruel.

Un jour qu'il passait devant la boutique d'un forgeron, le bruit de l'enclume et du marteau arrêta l'insecte, et l'atroce souffrance qu'il en ressentait, cessa :

Titus, alors, donna quatre pièces d'argent, par jour, à un homme qui se tint près de lui en frappant incessamment avec un marteau sur une enclume.

Pendant un mois, le moyen réussit.

Mais au bout de ce temps, le terrible insecte s'accoutuma au bruit et se mit, de nouveau, à lui ronger le cerveau.

Quand Titus mourut, on lui ouvrit le crâne et on y

trouva un _moucheron gros comme une hirondelle, armé
d'ongles de fer et d'un bec de bronze.

Pas un enfant juif qui ignorât cette histoire et n'y puisât
la haine implacable de l'oppresseur.[1]

Depuis quatorze ans, succédant à Titus Flavius Vespa-
sianus, son frère, Titus Flavius Domitianus a ceint la couronne laurée des Augustes.

Longtemps, il avait fatigué de ses intrigues son père
Vaspasien et son frère Titus qui lui avaient accordé des
honneurs, lui refusant avec sagesse tout pouvoir, de sorte
que, lors de la mort de son frère, il n'avait d'autre titre que
ceux de César et de Prince de la jeunesse.

Empressé à saisir le pouvoir si longtemps convoité, il
avait abandonné son frère expirant, pour accourir à Rome
au camp des prétoriens, et ses largesses, jointes à l'empressement des Romains à accepter l'hérédité dans l'Empire, lui
assurèrent un triomphe immédiat et facile.

Les premiers actes de son gouvernement furent sages et
l'on ne put lui reprocher que les écarts d'un insatiable
orgueil qui le porta jusqu'à se faire décréter d'apothéose,
lorsqu'il n'eut plus de titres à envier ni à s'approprier, à
telles enseignes que tous ses édits commençaient ainsi

« Notre Seigneur et notre Dieu ordonne..... »

Mais cet insatiable de vanité s'abaissa à se repaître des
plus viles vanités.

Après une expédition sans aucune gloire, il prit vingt-
quatre licteurs pour lui constituer une garde d'honneur et
s'arrogea le droit de siéger au sénat en costume de triom-
phateur. Vingt-deux fois, il s'était fait proclamer *Imperator*
par ses troupes, à la suite des plus insignifiants combats.

---

(1) Tel est le conte que narre le *Talmud* avec une apparente bonne foi. Quant à
l'empoisonnement de Titus, par son frère Domitien, il n'est pas historiquement
prouvé et Suétone n'y croit pas, mais se range à l'avis des médecins de Titus qui
ont dit à Plutarque que ce prince mourut de l'usage intempestif des bains.

Passionné pour les spectacles, il donna aux jeux du cirque des proportions inconnues jusqu'à ce temps ; en un seul jour on vit cent courses, chacune à quatre quadriges, faisant cinq fois le tour de l'Hippodrome. Et, du haut du pulvinar impérial, il fit jeter au peuple des présents d'une telle abondance et d'une telle richesse que les sénateurs et les chevaliers, eux-mêmes, oubliant leur dignité patricienne, se les disputèrent avec une avidité plus grande que la plèbe la plus déguenillée et la plus vile.

Ses tendances fastueuses se révélèrent encore dans les monuments qu'il construisit ou répara avec une somptuosité dispendieuse ; il ne regarda pas à dépenser douze mille talents,[1] pour la seule dorure du capitole, ce qui faisait dire à un poëte satirique[2] « que cette somme dépassait de beaucoup la valeur de l'Olympe tout entier.[3] »

La justice avait, toutefois, en lui, un sévère défenseur et il se posa en champion de l'ordre public.

A tous ses titres, il ajouta celui de censeur perpétuel[4] et rigoureux, avide de rendre les temples aux dieux et les mœurs au peuple.

Homme aux prétentions universelles, aucun champ d'action ne semblait échapper à son activité. La gloire même d'un mécène lui porta envie et il protégea les arts, prétendant que Minerve l'inspirait et qu'il était, lui-même, un grand artiste.[5]

Stace et Martial, Valérius Flaccus, Silius Italicus,

---

(1) Soixante-dix millions de francs de notre monnaie.

(2) Martial. *Epigrammes*.

(3) L'Olympe était le ciel païen avec ses innombrables dieux et déesses.

(4) Selon Quintilien qui l'appelle « *Le très saint censeur*. » (IV in Proem.)

(5) Quintilien et Suétone. — Minerve était, dans la mythologie, la déesse de la Sagesse émanée directement du cerveau de Jupiter. Elle présidait aux arts et à la guerre et s'appelait aussi Pallas Athénée. Elle n'était autre que la déesse égyptienne Isis ou la nature, mère des autres dieux et des hommes, selon la fable de l'antiquité païenne.

Quintilien, Pline le Jeune, Tacite, se disputaient ses faveurs et chantaient sa gloire.

Et Suétone nous affirme que Domitianus sut si bien contenir les magistrats de Rome et les gouverneurs des provinces, qu'ils ne furent jamais ni plus désintéressés ni plus justes.[1]

Il fit plusieurs guerres défensives dont Pline le Jeune et Tacite ont ridiculisé les triomphes, mensonges audacieux, et dont les captifs étaient des esclaves achetés à prix d'or pour jouer cette comédie. Mais, selon d'autres, ces guerres bénignes avaient pour but d'entretenir les légions dans de courageuses dispositions, en cas de besoin urgent.

Par lui, néanmoins, l'Empire était fort, avec ses provinces tranquilles, ses frontières inexpugnables qui tenaient en respect les barbares ; mais, l'heure vint où le tyran se révéla dans des actes auxquels sa mémoire a dû d'être justement flétrie.

Quelques mots suffisent à Suétone pour expliquer sa tyrannie : « Sa conduite fut, d'abord, dit-il, mêlée de bien et de mal, mais, peu à peu, ses vertus devinrent des vices ; le besoin le rendit avide, la peur le fit cruel. »

En 93, en effet, la révolte d'Antonius Saturninus, en Germanie, épouvanta Domitianus, à cause des complices du révolté qui se cachaient à Rome et menaçaient sa vie.

Les sénateurs connurent, de nouveau, les caprices sanglants de la hache, comme aux jours les plus atroces du règne de Claudius Néro.

Les astrologues l'avaient épouvanté avec des prédictions sinistres ; Domitien s'était mis en tête de tuer celui qui devait être son successeur, et la hache abattait toutes les têtes des personnages importants qu'il soupçonnait susceptibles d'accéder, après lui, à l'Empire.

Non content de proscrire les hommes, il oublia cette inspiration de Minerve dont il s'était jadis proclamé l'enfant

---

(1) Suétone, Domitianus, 8.

et persécuta les lettres et la philosophie dans cette Rome dont il eut voulu, dit Tacite, chasser toute vertu et toute science.

Ceux qu'il avait protégés, jadis, en sont réduits maintenant à s'enfuir et à se cacher comme des malfaiteurs, condamnés par leur nom seul de philosophes.

Un nouveau complot, ourdi par Juventius Celsus, éclate; de nouveaux supplices le suivent et la persécution, s'étendant de proche en proche, descend jusqu'au peuple, élargissant, sans cesse, le cercle sanglant et sombre dans lequel Domitianus se repaît de boue et de sang, comme une bête fauve.

Mais le tyran, lui-même, subissait, à son tour, l'atroce tyrannie de la peur qui lui rongeait le cœur. Un bruit vague, et il tremblait d'épouvante! Le plus léger incident était pour lui un présage funèbre; le plus indifférent des passants, un assassin gagé.

La peur va jusqu'à lui faire garnir le portique sous lequel il se promenait, de pierres polies refléchissant les objets et destinées à lui faire voir, par miroitement, tout ce qui pouvait se passer autour de lui.

Il était impossible que les chrétiens échappâssent aux excès cruels de la fin de ce règne, tant il était facile au sanguinaire tyran de voir en eux des perturbateurs de la paix publique et de prendre les réunions de leur culte pour des assemblées secrètes où l'on complotait contre la sûreté de l'Etat et la vie de l'Empereur.

Nous savons combien l'Empire Romain était jaloux de sa honteuse religion; ouverte à toutes les superstitions de l'univers à condition qu'elles épousassent sa forme matérialiste, elle était fermée au dieu des Juifs qui ne pouvait être représenté par des statues et à Jésus-Christ qui en condamnait les vices comme des plaies dégradantes et honteuses sur lesquelles il était venu, par sa vie et sa mort, répandre un baume idéal de pureté.

Libres de pratiquer leur culte, cependant, à condition qu'ils

payassent l'impôt de la didrachme, les juifs devenaient crimi-
nels aux yeux de la loi Romaine, lorsqu'ils faisaient des prosé-
lytes et détournaient des citoyens de la religion de l'Empire.

Cette conversion, réputée apostasie, trahison envers la
patrie et crime de superstition étrangère, fut toujours une
des causes déterminantes des persécutions qui entraînaient
dans la mort et vouaient au martyre, à la fois, ceux qui
convertissaient et ceux qui les écoutaient d'une oreille docile.

Juifs et chrétiens étaient, alors, considérés comme
appartenant à peu près à la même religion. Ces derniers,
toutefois, étaient jugés plus insensés qu'on ne peut dire, à
cause de leur foi à des croyances que l'ignorance païenne
entretenue par la calomnie, qualifiait de honteuses et dégradantes superstitions.[1]

Beaucoup des chrétiens, sans doute, n'avaient aucun
point de contact, à Rome, avec les Juifs, mais, tous les
Juifs convertis au Christianisme continuaient à faire partie
de la société juive, à cause des avantages ressortant de
cette politique qui leur permettait de bénéficier, dans
l'Empire, de la tolérance accordée aux Juifs et, aussi, de
pénétrer librement dans les centres israélites où tout corré-
ligionnaire trouvait, en quelque pays que ce fut, aide et
protection. Ressource précieuse pour l'apostolat et qui
permit à saint Paul de parcourir tant de pays divers, secouru
dans chacun d'eux, par les disciples déjà acquis à la foi,
qu'il y trouvait, ou ceux qu'il détachait de la Synagogue,
ainsi que par les gentils qu'il convertissait à Jésus-Christ.

Ce fut le nombre sans cesse croissant de ces conversions,
qui détermina Vespasien à les taxer de crime contre l'Etat et
la religion de l'Empire.[2]

(1) Accusation dont Tacite et Suétone se sont faits inconsidérément les échos
historiques.

(2) En promulgant la loi *De seditiosis*, dont l'époque n'est pas fixée par
l'histoire. Hadrien, Antonin, Septime Sévère la confirmèrent dans la suite.

Jusqu'à Domitien, la persécution contre les chrétiens n'avait donc relevé, en réalité, que de la cruauté et de l'arbitraire, comme celle de Néron.

Pendant quatorze ans, Domitianus n'avait exigé des chrétiens et des Juifs rien autre chose que le paiement de l'impôt particulier qui les frappait depuis la prise de Jérusalem et qui était représenté par la didrachme, mais, quelque temps avant sa mort, alors que son âme, en proie à d'incessantes terreurs, l'incitait à s'enivrer de sang, il se souvint que la politique impériale avait joint aux crimes de majesté un crime nouveau, celui de judaïser.

Censeur et grand pontife, il prit le prétexte de défendre la religion de l'Etat, pour frapper les sénateurs qui, abandonnant le culte de leurs pères, n'adoraient plus les dieux protecteurs de l'Empire.

C'est ainsi que périt, au sortir de son consulat, Flavius Clémens, neveu de Vespasien par son père Sabinus, le défenseur du Capitole contre les Vitelliens, neveu, aussi, de Domitien par sa femme Domitilla et dont l'Empereur avait choisi les fils pour ses héritiers.

La Foi du Christ était montée, par lui, jusqu'au trône des Césars et Flavius Clémens, mis à mort comme *athée*, était, en réalité, mort martyr de la Foi nouvelle.[1]

Quelque temps auparavant, la famille des Flaviens qui n'avait pas encore accédé à l'Empire avait donné à la Foi une vierge et une martyre.[2]

---

(1) Suétone dit que Flavius Clémens fut condamné sur un très léger soupçon. (*Dom. 15.*) Dion Cassius LXVII qu'il fut mis à mort comme athée. Pour M. de Rossi (Roma Sotteranea, I. 265-267, 319-321 et Bull. di arch. Christ. Mai et Juin 1865) Clémens était chrétien. On montre près de Rome, sur la voie Ardéatine, son tombeau décoré de symboles chrétiens.

(2) Flavia Domitilla, d'après les actes des SS. Nérée et Achillée. Elle a donné son nom à un cimetière souterrain.

III

JOIE ET DOULEUR.

Cependant, un vieillard, au port droit et majestueux, suivait la voie impériale d'Ostie.

Malgré son grand âge, il n'était point courbé et quoiqu'une longue route eut dû épuiser ses forces comme en témoignaient ses sandales et sa robe, grises de la poussière des chemins, il marchait d'un pas alerte et noblement conquérant.

Son manteau de laine blanche et légère flottait au gré du vent tiède de l'après-midi; d'une main, il en retenait les plis rebelles et de l'autre il s'appuyait sur le bâton des voyageurs. Ses longs cheveux blonds ondulaient au gré du zéphir, partagés sur le sommet de la tête à la mode nazaréenne, et retenus par un cercle léger qui entourait son front et semblait en faire, aux rayons du soleil, un foyer d'étincelles.

Il allait droit devant lui, sans s'inquiéter des choses de la route, dirigeant ses pas vers le Transtévère.

Après avoir passé la porte Ostiensis, il franchit les prés Raudusculains, au pied de l'Aventin et, laissant à sa gauche le sépulcre de Cestius, puis, traversant les prés de Laverne, il gagna la rive du Tibre qu'il franchit au pont Sublicius.

Il était, maintenant, en plein Transtévère.

Jusqu'ici, nul n'avait paru faire attention au vieillard ; la bandelette d'or, elle-même, qui entourait son front, n'avait excité la curiosité de personne, lorsqu'au détour de la via Parva, le vénérable voyageur s'arrêta, incertain, tout à coup, de la route qu'il avait à suivre.

Comme il paraissait manifestement indécis, ses yeux tombèrent sur un vieillard qui le regardait, immobile. Il portait sur son dos, attachés à une courroie de cuir, des instruments de travail dont la nature dénotait ses occupations ordinaires : un pic à creuser la terre, une truelle, une pelle et une équerre de bois, à laquelle était suspendu un morceau de plomb.

Le voyageur traça, alors, sur la terre, avec son bâton, un signe mystérieux, aux yeux attentifs du vieillard. Aussitôt, un sourire de joie illumina la figure de ce dernier.

— Père saint et illustre, lui dit-il avec respect, quoi ! c'est toi ! Comment mes yeux, affaiblis par l'âge et la privation fréquente de la lumière du jour, ne t'ont-ils pas immédiatement reconnu ! Depuis longtemps, le bruit de ta venue a couru dans les églises. Qui se tromperait à ta vue seule ? n'es-tu pas Jean, cet Apôtre illustre qui était le Bien-Aimé du Seigneur Jésus et qui a reposé sur son sein, pendant la sainte Cène ?

— Je le suis, dit Jean, et je viens d'Asie, seul, parce que l'ange de Dieu me précède et m'accompagne, je viens, avant de mourir, visiter mes frères, parce que je les aime comme mon divin Maître, lui-même, les chérit. Je n'ai averti personne de ma venue, parce que nul ne sait ni le jour ni l'heure. Et toi, mon respectable frère, qui donc es-tu ?

— Père, répondit le vieil ouvrier, je suis connu de tous nos frères et de toutes les églises de Rome, et ces mains que l'âge fait trembler, ont touché d'innombrables saints. Elles ont creusé le loculus du vénérable Pierre au cimetière du Vatican. Je suis Hilarius le fossor qui dépose les martyrs, avec l'aide de mes deux fils, Tranquillus et Rusticus.[1] Notre demeure est près d'ici, Père, et si tu veux faire à ma vieillesse l'honneur insigne de te reposer sous mon toit pour quelques instants, je bénirai le Seigneur.

— Mon frère, répondit le saint Apôtre, peut-être n'est-il pas l'heure de se reposer, mais d'agir. Est-il vrai que la persécution sévit, de nouveau, parmi vous, et que Babylone, une fois de plus, a levé sa hache impure sur la tête des saints.

— Oui, Père, dit le vieil Hilarius, en essuyant une larme du revers de sa main calleuse. Le cruel et néfaste Domitianus a même versé le sang de sa famille dont plusieurs membres ont embrassé la religion du Seigneur Jésus, et il ne se passe pas de jour que les bornes militaires ne soient ensanglantées par l'exécution des martyrs, citoyens romains; les bêtes de l'amphithéâtre dévorent les autres, quand ils n'expirent pas dans les prétoires. Aussi, Saint Père, pourquoi es-tu venu à Rome en des temps si néfastes? Veux-tu donc augmenter le nombre de ceux qu'Hilarius dépose, tous les jours, dans les loculi du Vatican ou de la via Nomentana? Repose-toi de tes fatigues et repars, plutôt, pour les régions éloignées d'où tu es venu nous apporter la consolation de ta présence et la bénédiction de ta vieillesse!

— Non! dit l'Apôtre, il n'en peut être ainsi, car Jésus-Christ, seul, conduit mes pas pour la gloire de son nom et lui seul est le maître de ce qui doit arriver. Que son saint nom soit béni! Conduis-moi au tombeau du vénérable Pierre afin que je prie auprès de son illustre et sainte dépouille.

Hilarius montra une grande joie de cet honneur et invita l'Apôtre à le suivre, car il s'y rendait de ce pas.

Les deux vieillards se mirent en route à travers le Transtévère qu'ils coupèrent pour gagner les pentes douces

(1) Il a été parlé du fossor Hilarius et de ses fils dans le 5e volume : « LA SEMENCE SANGLANTE. »

du Janicule que Jean salua des yeux en songeant que là, Pierre avait rendu témoignage à la Foi.

Au bout de quelque temps, ils arrivèrent au cirque de Néron qu'ils contournèrent pour gagner les pentes du Vatican qu'ils gravirent jusqu'au temple d'Apollon.

Après quelques détours dans des sentiers plantés d'oliviers et de figuiers, ils atteignirent à un enclos de murs peu élevés au-dessus desquels on voyait pointer les terrasses d'une maison de modeste apparence.

— Voici, dit Hilarius, le *prædium* qui donne accès au cimetière.

Il prit une grosse clef et la fit jouer dans la serrure d'une porte massive qui roula sur ses gonds. Ils entrèrent.

— Nous sommes ici, dit le vieux fossor, à l'extrémité des jardins de Néron et le tombeau du bienheureux Pierre est, presque, sous les fondations même du temple d'Apollon. C'est dans ces jardins que Néron exécutait ses fameuses et horribles courses éclairées par des torches humaines dont faisaient les frais nos frères martyrs, pour lesquels, j'ai ouvert tant de *loculi* sous cette terre des saints. Hélas! depuis que Domitianus est tombé dans des accès de fureur sanglante, le nombre des galeries s'est augmenté et beaucoup sont venus et viennent, tous les jours, grossir les rangs de ceux qui dorment ici leur dernier sommeil.

— Ce cimetière est-il le plus important de Rome? demanda l'Apôtre, avec intérêt.

— Non, Père, il nous est des plus précieux parce qu'il contient la dépouille du vénérable Pierre, mais il en est un autre sur la voie d'Ostie près de la villa de la noble Pomponia Grœcina; c'est là que repose le corps illustre de Paul. D'autres cimetières, encore, sont en voie de formation sur différents points de Rome, mais le *cœmeterium majus* c'est l'Ostrianus sur la via Nomentana, aux Esquilies, c'est le *cœmeterium ad Nymphas* ou Pierre baptisait, c'est là que nous gardons avec respect et vénération une des deux chaires de Pierre, là qu'il célébrait souvent les divins mystères, là où, tant de fois, il a prié et parlé.[1] Une lampe brûle perpétuellement devant l'*arcosolium* dans l'enfoncement duquel on conserve le siège vénéré.

— J'irai, aussi, prier devant cette sainte relique, dit Jean avec un léger tremblement dans la voix.

Maintenant, ils descendaient les marches raides de l'escalier, guidés par la faible lueur de la lampe d'argile que le fossor avait allumée.

Comme toutes les catacombes, celle-ci s'enfonçait brusquement dans la terre, presque à pic, et, pour en atteindre les galeries, il fallait descendre assez profondément.

Enfin, leur pied toucha la terre et ils s'arrêtèrent dans cette sorte de chute volontaire et mesurée qui ressemblait à celle d'un oiseau qui tombe, à demi-soutenu par ses ailes.

Un étroit corridor s'étendait devant eux, étoilé de loin en loin, par la lueur fuligineuse de quelques lampes placées dans des niches ou sur des piliers, projetant un rayonnement

(1) Panvinus, dans son catalogue des cimetières de Rome, indique ce cimetière de la via Nomentana comme étant le plus ancien « parce qu'il servait déjà au moment où S. Pierre prêchait la Foi aux Romains. » C'est dans ce cimetière, (*ad Nymphas; fontis Petri; ubi Petrus baptisabat;*) que l'on vénérait la première des deux chaires de l'Apôtre. On sait qu'il n'en existe plus qu'une, conservée religieusement dans la basilique de S. Pierre de Rome au fond de l'abside, au-dessus de l'autel de la Vierge. C'est ce siège qui, selon la tradition, appartint au sénateur C. Pudens. Il est enfermé dans une châsse de bronze soutenue par les quatre statues colosales des quatre grands docteurs de l'Eglise : S. Augustin, S. Athanase, S. Ambroise et S. Jean Chrysostome. De l'autre siège, il ne reste aucune trace ni dans la tradition, ni dans l'archéologie, ni dans l'histoire. On sait, seulement, que deux fêtes ayant été instituées en l'honneur des deux sièges de S. Pierre, ce premier siège a dû, de ce chef, exister. Quant au cimetière Ostrien, Bosio en affirme la haute antiquité. Il était appelé « *cœmeterium majus* » cimetière majeur, non à cause de son étendue, c'était un des plus petits, mais à cause de la vénération que lui valait le souvenir de Pierre qui y prêchait, y célébrait et y baptisait. C'était, en quelque sorte, le cimetière *papal* de la Rome apostolique.

rougeâtre sur les parois ou laissant deviner la profondeur d'ombre de quelque carrefour.

Le silence était profond et solennel, interrompu seulement par le claquement des sandales des deux vieillards sur le sol durci par la fréquence des passages.

A droite et à gauche, du sol au plafond, reposaient des corps de martyrs dans des monosomes étroits ou des bisomes plus larges uniformément marqués par de longues plaques d'ardoise ou de lave sur lesquelles les noms des saints s'étalaient en belles lettres purement gravées et entourées des attributs symboliques de l'ancre et du poisson, souvent reproduits.

Parfois, on distinguait, dans le plâtre, une lueur phosphorescente produite par le reflet de la lampe sur les parois irisées des fioles, attribut du martyre ou sur la pièce de monnaie, souvent encastrées extérieurement dans le ciment.

Après quelques détours destinés à abréger le chemin, ils s'engagèrent dans un corridor plus large et assez long où, de distance en distance, coupant la monotonie des *loculi*, des *arcosolia*[1] montraient leur renfoncement ombreux en hotte de cheminée, sur les parois desquels, parfois, un pinceau naïf avait tracé des emblèmes, dessiné des fleurs, des épis de blé, des grappes de raisin mûr ou ébauché des figures et même des scènes à plusieurs personnages, exprimant de grandes idées chrétiennes sous des apparences mythologiques.

Ils arrivèrent ainsi à une sorte de carrefour formé par l'intersection à angle droit de l'allée principale par une autre allée plus large et assez profonde, fermée aux deux bouts.

(1) Les termes employés ici tels que *loculus, arcosolium*, etc., ont été expliqués dans de précédents volumes. Voir le 5e volume notamment : « *La Semence sanglante* » nous ne pouvons répéter les mêmes descriptions dans chaque volume et nous engagons vivement les lecteurs à tenir compte de cette nécessité.

En un seul jour, on vit cent courses, chacune à quatre quadriges,
faisant cinq fois le tour de l'Hippodrome. (P. 70.)

— C'est ici l'église, dit Hilarius, et le lieu où reposent les restes vénérés de Pierre.

Jean scruta, des yeux, la profondeur sombre du lieu qu'Hilarius éclaira en allumant quelques lampes placées dans des niches.

Le saint Apôtre put voir, alors, la *confession*[1] de Pierre au milieu du sanctuaire, en avant de la chaire du pontife.

Il se prosterna et adressa à Dieu, en l'honneur du martyr, une fervente prière. Longtemps, il resta abîmé dans son oraison, insensible à l'heure qui s'écoulait.

Hilarius n'osait l'interrompre et il se félicitait, en lui-même, de cette longue méditation, car il savait qu'avant la nuit, le cimetière allait se remplir de l'affluence du peuple fidèle qui s'y réunissait presque chaque soir pour la déposition des martyrs que chaque jour amenait dans les divers cimetières de la ville des Césars.

En effet, bientôt, les corridors s'éclairèrent et des chants lointains se firent entendre.

Ils se rapprochèrent peu à peu et quand Jean sortit de sa prière, de son extase, peut-être, une vive clarté l'environnait, une multitude de fidèles, de vierges, de matrones, arrivait en lente procession, portant plusieurs corps de martyrs enveloppés dans des tapis précieux; puis, les diaconesses, les portiers, les lecteurs, les diacres, les prêtres et, enfin, le souverain pontife Clet, successeur de Lin, appuyé sur le bâton apostolique et la couronne sur la tête.

A la vue de l'Apôtre, tous s'arrêtèrent, interdits, très peu d'entre eux le connaissant, la plupart n'ayant seulement qu'entendu parler de lui comme d'un grand thaumaturge et un grand saint.

(1) Les tombes contenant les restes des martyrs, s'appelaient *confession* et servaient souvent d'autel. Les saints mystères étaient toujours célébrés sur les reliques des martyrs d'où l'usage de mettre des reliques dans les pierres d'autel.

Mais Clet le connaissait et, en l'apercevant, il ne put contenir une grande joie.

— La paix de Jésus-Christ soit avec toi! Jean, s'écria-t-il, Apôtre du Seigneur et notre père!

— Et avec ton esprit et celui du peuple de Jésus-Christ, répondit Jean avec onction.

— Mes frères, dit Clet avec des larmes de joie, qui de vous n'a pas entendu parler de celui que nous appelons le *vieillard*[1] et qui mérite ce titre d'honneur par son âge vénérable, ses vertus apostoliques, son dévouement filial à la sainte Mère de Jésus, dont il fut le bien-aimé disciple et sur la poitrine duquel il reposa sa tête pendant toute la durée de la sainte Cène. Le voici; Dieu nous l'envoie, en des temps difficiles pour son Eglise. Que sa présence parmi nous soit entourée de respect et d'honneur et qu'il nous donne une bénédiction dont il a puisé directement les pouvoirs au cœur même de Jésus-Christ.

L'Apôtre, à ces mots, leva les mains au ciel pour appeler l'aide du Seigneur, puis les abaissant sur le peuple fidèle :

— Mes frères, dit-il avec onction, et mes petits enfants, aimez-vous les uns les autres, comme le Seigneur Jésus nous l'a tant de fois recommandé à nous ses disciples fidèles, car, sans l'amour de Dieu et celui de nos frères il n'y a point de salut. Que le Seigneur Jésus m'assiste et vous assiste, et que la bénédiction du Christ, notre Maître, descende sur vous tous au nom du Père, au nom du Fils, au nom du Saint-Esprit. *Amen!*

Aussitôt, les psaumes furent entonnés et la cérémonie de la déposition des martyrs commença.

Mais un détail avait échappé à l'assistance et aux yeux même des clairvoyants portiers.

(1) πρεσϐύτερ, c'était sous ce titre que l'on connaissait respectueusement S. Jean, à cette époque dans toute l'Eglise, à cause de son grand âge et de son titre d'Apôtre.

Dans la joie qui avait suivi la reconnaissance de l'Apôtre par le souverain pontife, beaucoup de fidèles, avides de contempler de plus près les traits vénérables du disciple bien-aimé, avaient, par leur empressement, produit, en s'approchant, un certain trouble dans les rangs des assistants.

Aux premiers rangs, courbant la tête comme les autres, mais n'abaissant pas les yeux, un homme dissimulé dans les plis d'un ample manteau ne perdait pas un seul des détails de ce touchant spectacle ni des traits de la physionomie de Jean.

Quand l'ordre se rétablit parmi les fidèles, il feignit de vouloir regagner une place éloignée et quittée dans un moment de pieuse curiosité.

En réalité, trompant habilement la surveillance des portiers, il gagna l'ombre d'un prochain corridor et, d'un air placide, se dirigea vers l'escalier qu'il gravit et en haut duquel il trouva Tranquillus qui n'était pas informé de ce qui se passait en bas.

Sans mot dire, il lui fit le signe convenu pour la reconnaissance et sortit du *prœdium* à pas lents.

Mais, lorsqu'il fût hors de vue, il ramassa les plis de son manteau et prit sa course à travers les sentiers boisés du Vatican.

Nouveau Judas, et vil esclave d'un temps où la délation était payée au poids de l'or par un tyran infâme, il allait vendre le sang d'un juste et préparer la gloire d'un illustre martyr.[1]

---

(1) S. Jean, dit la tradition, souffrit le martyr à Rome sous Domitien près de la Porte Latine, mais nous ignorons les circonstances de ce martyre que quelques-uns même on crû pouvoir mettre en doute faute de documents certains.

IV

COUP DE FOUDRE.

Au sortir du bosquet de Cybèle et en quittant son ami
Cornélius, Caïus refit le chemin parcouru jusqu'à l'Amphithéâtre Flavien, puis, il s'engagea dans la voie Sacrée,
calme, tout à l'heure, et maintenant pleine de la houle d'un
peuple aux airs consternés.

Une sorte d'angoisse l'étreignit, faite de ce trouble qui
accompagne les grands pressentiments du cœur, lorsqu'il vit
que ce peuple emcombrait le Forum tout entier et envahissait
jusqu'aux stylobates du temple de Jupiter Stator, tantôt
commentant un décret impérial affiché aux rostres, tantôt se
pressant aux balustrades de marbre qui défendaient l'accès
des parvis sur lesquels s'élevaient le temple de Vesta et la
demeure ou atrium des prêtresses du feu.

Instinctivement, il jeta les yeux sur la coupole du petit
temple en rotonde qui se détachait sur le majestueux profil
de celui de Jupiter Stator; il se souvenait, en effet, que la
consternation publique dont la foule lui montrait le spectacle, se produisait toujours quand une vestale avait, faute
redoutable et présage des plus grandes catastrophes pour
l'Empire, laissé éteindre le feu sacré.

Fondé par Numa Pompilius et entretenu par de grands

revenus, le collège des six vestales gardiennes du Palladium, avait à remplir des fonctions journalières et précises.

Purifier tous les jours le temple, à l'aide de l'eau lustrale puisée à la fontaine des Carmentes; nettoyer les murs et les parvis dont on gardait soigneusement les balayures dans un endroit réservé, pour les porter, une fois l'an, en grande pompe, au Capitole, d'où un conduit spécial les menait au Tibre; fabriquer les gâteaux sacrés avec de la farine d'épeautre mêlée de sel, moulue dans un moulin actionné par un âne et placé dans une des pièces de la maison,[1] n'étaient que des occupations moindres en comparaison de la grande occupation de leur sacerdoce, qui consistait à entretenir soigneusement le feu sacré qu'on

(1) Les trois plus anciennes Vestales, cueillaient, dans le champ sacré, les épis, du 7 au 14 mai, et les rapportaient à l'atrium dans une grande corbeille. On les dépouillait et on en mettait le grain dans trois tonnes d'argile pouvant contenir 50 litres de farine et conservées dans une pièce voûtée contigue à celle où se trouvait une meule qu'un âne tournait pour moudre le grain.

Trois fois l'an, aux Lupercales (15 février), aux fêtes de Vesta (8 juin), aux repas de Jupiter (13 septembre), on préparait la pâte des gâteaux sacrés. Ces détails donnés par les auteurs anciens sont confirmés par les fouilles qui ont mis à jour à l'extrémité du Forum romanum le temple et l'atrium carré des Vestales situés près du mont Palatin entre la *via Sacra* et *la via Nova*. On y voit encore les traces d'un escalier conduisant à une cour entourée d'un portique donnant accès à six chambres qui ressemblent à des cellules de cloître. Il y a traces, aussi, de plusieurs autres pièces.

Les Vestales, d'abord au nombre de quatre, furent portées à six. Le collège des prêtres romains avait le droit de les choisir n'importe où et l'on regardait son choix comme un grand honneur. Les familles les plus aristocratiques le briguaient pour leurs filles. Pendant toute la durée de la République et de l'Empire, c'est-à-dire en douze siècles, il n'y eut guère que deux cent cinquante vestales en tout. Elles étaient sous la direction de la *Vestalis maxima*, grande vestale appelée aussi ἱερὰ παρθένος la *Vierge sacrée* qui, elle-même, était sous la tutelle du collège des prêtres et soumise au Pontife suprême qui était l'Empereur. Pour la moindre faute elles étaient cruellement flagellées ou punies de diverses façons, et quand elles manquaient à leur vœu principal, enterrées vives. Plutarque (Vie de Numa 10.) nous a laissé des détails précis sur ce point.

allumait au premier jour de l'année,[1] devait être alimenté
jour et nuit avec du bois fourni par l'Etat et ne jamais
s'éteindre, sous peine de sacrilège affreux pouvant perdre
l'Empire.

Le foyer placé au centre du petit temple en rotonde,
laissait, sans cesse, échapper, par la coupole ouverte, un tourbillon de fumée qui empanachait perpétuellement les corniches du temple de Jupiter. Tout citoyen qui passait était
témoin que les gardiennes du Palladium veillaient et que
l'Empire était en sûreté.

Caïus jeta les yeux sur la coupole et il y vit le traditionnel
panache de fumée qui montait vers l'azur.

— Que se passe-t-il donc au temple de Vesta, demanda-t-il
à un homme qui adjurait les dieux de protéger Rome et
l'Empire.

— Quoi! lui répondit-il, ne le savez-vous pas, seigneur?
et n'avez-vous pas lu le décret d'Auguste affiché aux rostres?

— Non, car j'arrive de l'extérieur et, depuis longtemps,
les nouvelles de Rome me sont étrangères.

— Sachez donc, qu'Auguste a résolu de purifier le temple
de Vesta envahi par la licence. Il y a un an, environ, quatre
des vestales ont reçu de lui l'ordre de se donner la mort et
elles ont été remplacées. Aujourd'hui, c'est la « vierge
sacrée, » elle-même, c'est la grande vestale qui a commis le
crime et manqué à son vœu. Selon la loi de Numa, elle va
être enterrée vive au « Champ scélérat, » et le peuple attend
avec impatience cette solennelle exécution.

A ces mots, Caïus devint d'une pâleur livide et porta la
main à son cœur comme s'il allait se rompre dans sa poitrine.

Sans répondre, il se détourna et, voilant sa tête avec un
pan de son manteau, s'enfuit comme un insensé, tandis que
son interlocuteur le regardait faire en disant :

(1) L'année romaine commençait le 1er mars.

— Quel crime, pour qu'il suscite une pareille horreur !
Cet étranger lui-même en est confondu !

Affolé, Caïus courait comme un animal harcelé.

— O Cornélia ! Cornélia ! s'écriait-il, ma sœur ! O Rome
cruelle ! ô dieux plus cruels encore ! Maudit soit Auguste !
maudit soit Numa ! maudite soit Vesta ! Religion d'horreur
qui ne connaît pas le pardon ! Culte sauvage qui abaisse la
civilisation romaine au niveau des adorateurs de Teutatès
ivre du sang des enfants et des femmes ! Voilà donc la signification du terrible oracle : « *Crains la lampe qu'on ne remplit
qu'une fois !*[1] O vieillard que j'ai vu sur les routes d'Asie, toi
qui m'as donné l'espérance, que n'es-tu là pour voir, à la fois,
combien ta prophétie s'est réalisée, lorsque tu me disais de
revenir sans retard à Rome, et dans quel abîme toute mon
espérance a sombré en ce jour de deuil et d'horreur ! Fatalité
sur ma race ! Honte éternelle sur mon nom ! Désespoir sur
ma tête ! quelle autre espérance me reste, que de mourir, à
mon tour, sur ce champ maudit dans lequel va descendre ma
sœur ! Rien ne peut arrêter la catastrophe, Auguste, lui-
même, serait sourd à mes prières et ma tête roulerait à ses
pieds sous la hache du licteur !

— C'est demain qu'on enterre la grande Vestale, dit un
cynique qui passait, belle fête digne de Domitianus, par ma
foi ! Le « très saint censeur » devient enragé, à ce qu'il paraît !

Caïus ne répondit pas et le cynique continua sa route en
grommelant des injures contre l'Empereur et les dieux.

Il était là depuis assez longtemps, abîmé dans sa douleur,
lorsque, tout à coup, des cris et du tumulte attirèrent son
attention et il leva la tête pour voir ce qui se passait.

(1) On mettait dans le tombeau des Vestales qu'on enterrait vive, une lampe
avec une légère provision d'huile et ironie suprême et cruelle, un peu de nourriture.
Plutarque. — (Vie de Numa 10.)

V

LA PORTE LATINE.

Débouchant de la place du grand cirque et venant manifestement du Transtévère, par le pont Sublicius, un cortège s'avançait, fait de gens de toutes sortes, les uns criant, les autres montrant des figures attristées et des yeux baignés de larmes.

— C'est quelque malfaiteur que l'on traîne en prison, pensa Caïus qui s'apprêtait à retomber dans ses sombres méditations.

Des soldats passèrent traînant un prisonnier qui paraissait les suivre de bon gré, quoique sa marche parût ralentie par une grande fatigue.

A sa vue, Caïus ne put retenir un cri, comme à l'aspect d'une apparition inattendue et surprenante.

Pas de doute, ce grand vieillard aux nobles traits, aux longs cheveux bouclés, partagés sur le front et retenus par une bandelette de métal, il l'avait déjà vu, il le reconnaissait; c'était celui qui, naguère, lui avait dit, sur les sentiers des collines d'Ephèse :

— Retourne à Rome promptement, sans regarder derrière toi; il y va de la vie de ce que tu as de plus cher! Ce que tu voudrais me dire, je le sais et je t'en donne la réponse, par avance, afin que, lorsque le temps sera venu, tu croies sans hésitation.

Et c'était lui! Lui, entre deux soldats, traîné comme un criminel! où? au prétoire, à la mort peut-être.

A cette affreuse pensée, Caïus se leva comme un ressort et voulut fendre la foule pour s'approcher du prisonnier.

Mais il réfléchit vite que, la foule se laissât-elle percer, les soldats l'empêcheraient d'approcher.

Il se mêla donc au cortège, résolu à le suivre, pour être témoin de ce qui allait arriver.

— Quel est cet homme, demanda-t-il à un passant qui suivait la foule comme lui, et pourquoi entraîne-t-on ainsi un vieillard qui parait si doux?

— Ne le sais-tu pas? c'est un ennemi de nos dieux, un de ces nazaréens maudits qui se cachent comme des taupes dans des repaires souterrains pour y accomplir tous les forfaits et y perpétrer tous les crimes. Ils adorent une tête d'âne, tuent des enfants nouveau-nés roulés dans la farine, qu'ils appellent un « pain vivant, » boivent leur sang et mangent leur chair. Il est de la bande de ces misérables qu'on livre aux bêtes dans les cirques ou que Néron faisait mourir dans ses jardins en les changeant en torches ardentes. C'est à cause de leurs crimes que les dieux font éclater leur vengeance sur Rome et permettent que le feu s'éteigne dans le temple de Vesta ou que les prêtresses manquent à leur vœu. Il est digne de mort!

Caïus était trop sensé pour écouter de pareils discours; il se retira de celui qui lui parlait ainsi et, s'approchant d'un vieillard qui pleurait :

— Dis-moi le motif de tes larmes, lui dit-il; est-ce la manière dont on traite ce respectable vieillard, qui est la cause de ton chagrin?

Le vieillard le regarda sans répondre et Caïus lut sur sa physionomie une certaine défiance de parler.

— Si je te demande cela, continua-t-il, c'est que je connais ce noble vieillard que j'ai rencontré il y a peu de temps en Asie, près de la ville d'Ephèse ; il a été bon pour moi et mon cœur est déchiré en voyant les mauvais traitements qu'il subit en ce moment.

— Tu es bon, répondit alors le vieillard, et tu n'as pas le cœur cruel comme les romains d'aujourd'hui qui ne savent pas distinguer entre la vérité et l'erreur, le vice et la vertu. Sache que ce prisonnier est notre père bien-aimé à tous ; il a vu des lustres passer sur sa tête sans qu'une pensée mauvaise ait jamais effleuré son cœur et il a passé sa vie entière à faire le bien et à prêcher l'amour mutuel à tous ceux qui l'écoutaient. Arrivé d'aujourd'hui parmi nous, il paraît qu'Auguste averti de son approche et le prenant pour un conspirateur, a donné l'ordre de se saisir de lui et de le faire passer immédiatement en un jugement qu'il veut présider lui-même. Nous savons, hélas ! quelle en sera l'issue.

— Que veux-tu dire ?

— Rome, une fois de plus, versera le sang des saints, dit le vieillard avec tristesse, et celui-ci, comme tant d'autres, confessera dans les tourments le Dieu du ciel et de la terre devant lequel les autres dieux sont vains.

— C'est donc vraisemblablement pour le crime de religion étrangère qu'il est arrêté ?

— Oui, mais quelle chose insensée ! quel mal notre croyance peut-elle faire à l'Empire et à César dont nous sommes les obéissants sujets ? Pas un de nous qui ne soit prêt à donner sa vie pour l'Empire et César ; tout notre crime est donc d'adorer un Dieu tellement grand, tellement pur que la langue humaine n'a pas de mots pour l'exprimer, et qu'on ne saurait, sans blasphème, représenter par une image faite de main d'homme.

— Ces bruits que l'on fait courir sur votre culte sont donc des mensonges ?

— D'horribles mensonges et des calomnies plus atroces encore.

— Je voudrais bien connaître ce Dieu, dit Caïus en soupirant, on dit qu'il appelle à lui les affligés et qu'il a des consolations pour toutes les douleurs.

— C'est vrai, il comble de biens ceux qui le servent et ordonne de pardonner même à ses ennemis.

— Je comprends, dit Caïus, qu'il comble de biens ceux qui le servent. Nos dieux aussi, comblent de biens leurs serviteurs dévoués. Mais cet ordre de pardonner à ses ennemis, je ne le comprends pas.

— N'est-ce pas, cependant, une chose sublime?

— C'est parce qu'elle est sublime qu'elle ne se comprend pas, vieillard. Jusqu'ici j'avais cru qu'il était juste de se venger de ses ennemis.

— Non! dit le vieillard, nous sommes tous frères parce que Dieu est notre père commun, et, dans ces conditions, ne devons-nous pas nous aimer et nous pardonner mutuellement nos offenses? Vois de quelles horribles cruautés nous sommes journellement les victimes, combien de bourreaux sont acharnés contre nous pour verser notre sang...

— Et votre secret désir n'est pas de vous venger de ces tortures et, dans votre cœur intime, vous ne haïssez pas ces bourreaux?

— Au contraire, nous les aimons!

— L'âge d'or, ô vieillard, reviendrait sur la terre, si j'en crois tes paroles. Et sur quelles raisons vous fondez-vous pour agir ainsi?

— Sur ce que notre Dieu, touché de l'aveuglement des hommes, a envoyé sur la terre son Fils unique pour les racheter du péché et leur montrer les chemins d'un Elysée autrement magnifique que ces champs incertains que vous promet votre mythologie. Or, les hommes n'ont eu pour le Dieu fait homme qu'ingratitude et cruauté; ils l'ont accusé, jugé, condamné, torturé, fait mourir, et il leur a pardonné et il a prié son Père de leur pardonner également le crime qu'ils commettaient, dans leur profonde ignorance. Lui-même nous a dit : « Aimez vos ennemis, faites du bien à ceux qui vous persécutent. »

— Admirable doctrine, murmura Caïus. Quelle nation peut montrer un dieu comparable à votre Dieu !

Tout en parlant ainsi, ils avaient, à la suite du cortège, franchi la porte Capène, et pris la voie Latine, dont la porte apparaissait déjà à leurs yeux.

Averti par le délateur, Domitianus, revenant de la campagne de Rome, s'était arrêté au prétoire de ce quartier et, assis sur le tribunal, attendait, entouré de licteurs, l'arrivée du prisonnier, au milieu des acclamations du peuple plus intéressées que sincères.

Caïus entra avec le vieillard, désireux de voir comment cette scène allait se terminer.

En voyant les instruments de torture et les tortionnaires, il comprit que le vieillard n'avait pas exagéré ses pressenti-ments, et son cœur, déjà attendri par sa propre infortune, ressentit une angoisse de ce cruel moment.

L'acte d'accusation déférait à César, Jean le Galiléen, convaincu d'être arrivé d'Asie à Rome pour apporter le trouble dans la religion de l'Empire, propager une supersti-tion étrangère et attenter à la sécurité du divin Domitien.[1]

— Qu'as-tu à répondre à cette accusation? demanda l'Empereur en s'adressant à l'Apôtre.

(1) L'histoire rapporte, en effet, que Domitien ayant appris qu'il existait encore en Syrie deux hommes qui se disaient petits neveux de Jésus-Christ, ordonna qu'on les lui amenât à Rome et leur demanda en quoi consistait le royaume de leur grand oncle et ce qu'ils faisaient. Ils répondirent qu'ils étaient illettrés et cultivaient un petit champ qui les faisait vivre: que, quant au royaume de leur grand oncle Jésus-Christ, il n'était pas de ce monde. Domitien les jugea insensés et les fit renvoyer dans leur pays.

— César, répondit Jean, je suis un faible vieillard
inoffensif venu à Rome pour visiter et consoler mes frères
qui sont dans le deuil et l'affliction. Comme eux, je suis
respectueux des lois de l'Empire et de ton pouvoir que tu
tiens de Dieu comme nous tenons tous de Lui notre vie, car
il connaît le nombre des cheveux de notre tête et pas un ne
tombe sans sa divine permission.

— Ce Dieu dont tu parles est-il le divin Jupiter?

— Non, César, notre Dieu a créé le ciel et la terre, nulle
langue ne peut lui donner un nom, nulle intelligence ne
peut atteindre son impénétrable majesté. Nous le connaissons
par son divin Fils Jésus-Christ qui est venu sur la terre
pour racheter les hommes du péché et de la mort et leur
enseigner l'amour de leurs semblables et le respect de
l'autorité.

— Ah! oui, dit Domitien, c'est ce Jésus-Christ dont j'ai
interrogé, naguère, les parents, misérables fous, amenés
par mon ordre de Judée et que j'y ai renvoyés cultiver leur
champ, tant leurs propos m'ont paru dénués de raison. Mais
ceux-là ne parcouraient pas l'Empire comme tu le fais et ne
venaient pas arracher mes sujets à la religion de Rome.
Renonce à ta folie, vieillard, et songe que j'ai le pouvoir
de faire tomber ta tête ou de t'infliger les plus cruels
tourments.

— Tu tiens ce pouvoir de Dieu, César, répondit doucement Jean, et, s'il ne le voulait pas, pour sa gloire, tu ne
pourrais l'exercer contre moi.

— Malheureux vieillard, s'écria Domitien prompt à se
mettre en colère, peux-tu prononcer un semblable blasphème
contre la divinité de l'Empereur! Jure que tu n'adoreras plus
d'autres dieux que ceux de Rome qui, seuls, sont puissants
et dont l'Empereur est le pontife souverain.

— Les lois de l'Empire protègent le culte de mon Dieu,
répondit simplement l'Apôtre, et je ne puis adorer ceux de

Rome qui n'ont rien de commun avec Lui et sont des créations de l'esprit des ténèbres et du mal.

Sans se rendre à constater l'évidente illégalité de son ordre, Domitien fit un signe et les bourreaux se saisirent de l'Apôtre.

— Qu'il soit à l'instant plongé dans la chaudière ! s'écria le tyran, afin que chacun voie si son Dieu est, comme il le dit, gardien des cheveux de sa tête !..,.

L'Apôtre ne répondit pas, mais ses lèvres murmurèrent une prière et sa main droite traça sur lui-même le signe tout-puissant de la Croix.

Déjà, les bourreaux l'avaient dépouillé de son manteau et de sa tunique, et le saint Apôtre souriait en priant avec ferveur.

Il n'était pas le seul à prier.

De nombreux fidèles disséminés dans la salle du prétoire adressaient au Ciel, eux aussi, de ferventes prières, afin que Dieu montrât son pouvoir contre les impies et fit éclater le triomphe de sa gloire.

Caïus regardait, avec angoisse, les membres frêles et délicats du vieil Apôtre dont l'huile qui bouillait dans la chaudière surchauffée par un grand feu, allait faire, tout à l'heure, une horrible bouillie.

Deux bourreaux prirent le saint et le plongèrent lente-ment dans l'huile brûlante.

Aucune altération ne parut sur ses traits, il continua à sourire et à prier et, même, sa physionomie s'éclaira d'une illumination surhumaine.

Caïus ne pouvait en croire ses yeux ; les chrétiens exultaient et rendaient gloire à Dieu ; les païens étaient confondus et muets et, dans le silence du prétoire, Domitianus, épouvanté par le prodige, ordonna qu'on fit cesser le supplice.

Les bourreaux retirèrent de la chaudière l'illustre Apôtre qui parut à tous les yeux plus jeune et plus vigoureux qu'avant le martyre, tel un athlète frotté de l'huile des combats, présente le spectacle de la force invincible.

— Il faut que tu sois un grand magicien, dit enfin Domitianus, un peu remis de son étonnement; si j'ordonnais de te trancher la tête, peut-être que tes enchantements briseraient la hache; mais tu n'es pas citoyen romain et tu n'as pas droit à cet honneur.[1] Je te fais donc grâce; adore ton Dieu puisqu'il paraît te protéger, mais, garde-toi de pervertir aucun de mes sujets. Je t'ordonne de sortir immédiatement de Rome pour te rendre à Pathmos où tu resteras jusqu'à ta mort, prisonnier de la mer. Licteurs, déliez-le et laissez-le aller.

— Gloire à Dieu, par Jésus-Christ, Notre-Seigneur! dit Jean en reprenant ses vêtements.

. . . .

Pendant ce temps-là, le tigre impérial descendait de son tribunal, entouré de ses officiers et, remontant dans sa litière, prenait la route du Palatin.

Le peuple s'écoulait en murmurant contre une grâce qui lui paraissait déroger à la dignité d'Auguste et amoindrir César.

Avant de partir de Rome, Jean voulait se prosterner devant la chaire de Pierre au cimetière Ostrien.

Entouré de tous les fidèles qui avaient assisté à son martyre et versaient des larmes de joie, il sortit du prétoire et se dirigea vers la campagne romaine, feignant de s'éloigner, pour obéir à César, mais cherchant un détour pour gagner la voie Nomentane et le cimetière où Pierre baptisait.

Caïus chercha des yeux le vieillard et ne le vit plus.

Il s'élança à la suite des fidèles et, fendant leur groupe pressé, vint se prosterner aux pieds de Jean en s'écriant :

____

(1) La décapitation était réservée aux citoyens romains. C'était, par excellence, le supplice des hommes libres.

— Père! Père!...

Il ne put en dire davantage car des sanglots éclataient dans sa gorge oppressée.

L'Apôtre le reconnut.

— Mon fils, lui dit-il, je sais ta douleur et la tribulation de ton âme aujourd'hui que s'accomplit ce que je t'ai dit, naguère, dans le sentier de la montagne. Tu le vois, notre Dieu est puissant au-dessus de tous les dieux des nations qui, devant son auguste Face, ressemblent à des fantômes que chasse et dissipe la gloire du soleil. L'heure approche de ton naufrage dans le désespoir; garde-toi de désespérer. Rien n'est impossible à Dieu car il brise, comme des vases de terre fragile, ceux qu'il veut briser, pour que sa gloire soit accomplie.

— Père! que faut-il faire? s'écria Caïus, je suis prêt à t'adorer si tu veux m'ombrager de ta force et sauver, par ta puissance, ce qui est au bord de l'abîme, irrémédiablement.

— Ne parle pas ainsi, Caïus, je n'ai ni force ni puissance et l'on ne doit adorer que Dieu, maître des hommes et des choses, éternel Souverain des éléments de l'univers entier, devant la majesté duquel les dieux des nations ne sont que des puissances inférieures vêtues de cendre et de poussière. Crois! car celui qui a la Foi possède la richesse des richesses, le Trésor même de la Lumière incorruptible et tout lui est soumis au ciel, sur la terre et dans les enfers, car il n'est plus lui-même, mais il est l'esprit même et la volonté de Dieu. Abandonne tes dieux impuissants et sourds; renonce à leur adresser des hommages indus! Crois en Dieu, le Père absolu, dont rien ni personne au ciel, ni sur la terre ne peut pénétrer l'insondable mystère; crois en sa Parole qui fut manifestée aux hommes par Jésus le Christ mort sur la croix pour racheter les péchés du monde et montrer à toutes les créatures de Dieu la voie droite qui conduit à la splendeur éternelle et incorruptible du Père; crois au Saint-Esprit le

Pneuma souverain, le Paraclet fulgurant dont le souffle igné éternellement victorieux embrasa et embrase tous les jours, le cœur de ceux qui croient en Jésus-Christ ; aime Dieu par-dessus toutes choses, plus que toi-même, plus que ta vie, plus que tous les biens. Consens à tout perdre pour tout gagner, à tout laisser pour tout retrouver, car Dieu ne permet pas que rien de ce qui est son œuvre soit perdu en ce monde ni dans l'autre. Aime tes frères, les hommes, d'un amour complet, fussent-ils tes ennemis et tes bourreaux, et tout ce que tu pourras désirer de bien te sera donné par surcroît, et ton âme connaîtra la paix, et dans tes ombres, ô créature, tu sentiras descendre le rayon des splendeurs incréées, et dans ton cœur obscur palpitera le cœur divin !

— Je crois ! s'écria Caïus, je crois ! jamais je n'ai entendu un pareil langage ; jamais je n'ai perçu, même le reflet d'une pareille lumière. Je renonce aux dieux impuissants et à leur imposture cruelle ! Je veux être à ton Dieu, Père, tout à fait et sans retour !

— Suis-moi, dit Jean.

Et, dans l'ombre du soir, la petite troupe se mit en marche silencieusement vers la voie Nomentane, tandis que quelques-uns prenaient leur course à travers Rome, pour annoncer aux fidèles des églises, le miracle qui venait de se faire par la bonté de Dieu et la grâce de Jésus-Christ, et la présence de Jean au cimetière Ostrien, cette nuit même.

VI

AD NYMPHAS.

De la porte Latine à la porte Nomentane, la distance était assez grande par les routes suburbaines.[1]

Cependant, le cimetière s'ouvrait dans la campagne, au dehors de la ville entre la via Nomentana et la via Salaria et il était plus prudent de ne pas rentrer dans Rome pour être obligé d'en ressortir.

— Père, dirent, alors, ceux qui accompagnaient Jean, souffrez que nous vous portions, comme nous avons tant de fois porté le vénérable Pierre sur la *sedia* que nous allons honorer tout à l'heure, dans le *cœmeterium ad Nymphas*. Vous êtes si fatigué, déjà, par tant de routes que, si nous pouvons aider à vous délasser, ce sera pour nous une grande joie.

— Mes petits enfants, répondit l'illustre martyr, je vous rends grâces de votre charité. Mais le baptême que je viens

(1) La porte Latine est aujourd'hui murée. Elle prenait son nom du Latium. Une église porte, non loin de là, le nom de *S.-Jean devant la porte Latine*, en mémoire du martyre de l'Apôtre, et de l'autre côté de la rue se trouve une petite chapelle circulaire appelée *S. Jean in Oleo*, à l'endroit, dit-on, où se trouvait la chaudière dans laquelle il fut plongé. La porte *Nomentane* s'appelle aujourd'hui la porte *Pia*.

de recevoir, pour la gloire de Jésus-Christ, m'a donné des forces nouvelles et une vigueur que je ne me connaissais plus. Car Jésus-Christ Notre-Seigneur, au ciel comme sur la terre, est vraiment le Dieu des forts et des vivants. Marchons donc, sans crainte, et guidez-nous seulement par les chemins les plus courts.

Et pendant qu'ils marchaient, le grand Apôtre ne cessait de les instruire par son éloquente parole, pour la sanctification de leurs âmes.

La campagne était déserte; ils traversèrent tantôt des faubourgs aux maisons espacées et souvent closes, tantôt de petites plaines, franchirent de grandes voies et des aqueducs aux constructions titanesques amenant de loin et à grands frais l'eau potable à la ville monstrueuse; enfin, ils aperçurent le poste de soldats qui veillait à la porte Nomentane.

Ils firent un coude à droite pour éviter les sentinelles et traversèrent la voie Nomentane.

Là à travers des sentiers déserts et à peine tracés, parmi les oliviers et les orangers, ils gagnèrent les champs de vignes et, bientôt, arrivèrent à un enclos de murailles vers lesquelles se dirigeaient aussi, venant de plusieurs endroits différents, des ombres silencieuses.

C'étaient des fidèles de Rome avertis de ce qui se passait et qui venaient, avec des prêtres, supplier Jean de célébrer les mystères sur les tombeaux des martyrs, auprès de la vénérable chaire de Pierre.

Ils descendirent par un escalier rapide, dans les profondeurs de la terre et pénétrèrent dans le cimetière, aménagé comme celui du Vatican.

Du haut en bas des galeries, des loculi monosomes et bisomes, montraient leurs inscriptions funéraires et les emblèmes chrétiens.

Après avoir marché quelque temps, à la lueur des lampes, ils arrivèrent à un espace assez vaste arrangé en église avec ses sièges pour les assistants, les diacres et les prêtres, son autel de bois sur lequel le bienheureux Pierre avait tant de fois offert le sacrifice de propitiation, et son vaste *arcosolium* décoré de peintures et sous lequel le vénérable siège du premier pape reposait, tout empreint encore de la vertu de sa sainteté.

— Mes frères, dit Jean, en montrant Caïus, voici un enfant chéri du ciel que le bon Pasteur amène au bercail de notre Foi; je vous fais témoins de son ardent désir de la régénération baptismale et je vais avoir la consolation de répandre sur sa tête l'eau sainte puisée à la fontaine même de Pierre.

Et, s'adressant au nouveau converti :

— Caïus, lui dit-il, crois-tu au Père, au Fils et au Saint-Esprit, un seul Dieu en trois augustes hypostases?

— J'y crois! répondit Caïus.

— Crois-tu à la communion des saints en Jésus-Christ, devant le Père Tout-Puissant, par l'aide du Saint-Esprit?

— J'y crois, répondit le Romain.

— Crois-tu à la rémission des péchés, à la résurrection, à l'éternelle vie?

— J'y crois, dit Caïus.

— Es-tu résolu à aimer Dieu par-dessus toute chose et ton prochain et même tes ennemis, comme toi-même?

— Oui, dit le jeune patricien.

Alors, le conduisant à la fontaine de Pierre, Jean l'y fit descendre et, versant sur sa tête l'eau régénératrice :

— Caïus, dit-il, je te baptise devant le peuple fidèle, je te baptise, au nom du Père, du Fils et du Saint-Esprit. *Amen.* Tu es maintenant du troupeau de Jésus-Christ, garde la Foi, pratique le saint amour, porte du Royaume des Cieux, et vis dans l'espérance.

Et lui imposant les mains :

— Reçois le Saint-Esprit, dit l'Apôtre, notre aide nous vient du Nom du Seigneur !

— Qui a fait le ciel et la terre! *Amen!* répondit en chœur le peuple fidèle.

Et pendant que l'Apôtre bien-aimé gagnait l'autel où les diacres avaient disposé le pain et le vin, un chœur s'éleva, puissant comme les grandes eaux, qui chantait :

Laudate Dominum omnes gentes! Laudate eum omnes populi!

Quoniam confirmata est super nos misericordia ejus et veritas Domini manet in æternum![1]

Une voix, alors, se fit entendre et une femme prophétisa en disant :

— Le bien-aimé de mon Seigneur a bu le calice comme il le lui avait prédit aux portes de Jérusalem.[2] Et il est vivant! Et l'ange repliera ses ailes, et la porte s'ouvrira et il verra la splendeur de Dieu et le Royaume conquis par le sang de l'Agneau![3]

« Et il a fait de grandes œuvres, en ce jour, par le Nom de Jésus, car il a remonté du puits des ténèbres, une âme pour notre Dieu. Et ce sera une défaite du Satan de Babylone, car l'Ange de celui-ci ramènera celle-là et, l'arrachant au gouffre où les dieux des nations qui ont fait son erreur vont la précipiter, en fera une âme sainte de l'assemblée des saints. »

. . . .

Jean fit, alors, sur elle le signe de la croix et elle se tût.[4]

---

(1) Psaume 116. « Que toutes les nations louent le Seigneur! Que tous les peuples le chantent. — Parce que sa miséricorde s'est confirmée eu nous et que la Vérité du Seigneur est inébranlable pour toujours! »

(2) Allusion à la réponse que Jésus allant à Jérusalem fit à la mère des fils de Zébédée (dont Jean était l'un), en lui demandant de placer dans son Royaume lorsqu'il y serait entré, un de ses fils à sa gauche, l'autre à sa droite. (Voir le 2e volume *Rédemption*, p. 118.

(3) Allusion à l'apocalypse divine que Jean allait bientôt révéler au monde.

(4) Il arrivait souvent, dans les assemblées des fidèles, que quelqu'assistant prophétisât subitement éclairé par l'Esprit-Saint. Les femmes recevaient souvent ce don, témoins les quatre filles de Philippe (I Corinthiens, 11, 5 ; 14, 34). S. Paul désirait que

Mais, qui put comprendre ses paroles? Caïus, même, n'osa pas en deviner le sens quoiqu'elles étaient en partie prononcées pour lui.

. . . .

Le chant des psaumes continua et, quand les pains que les fidèles avaient apportés avec eux et qui avaient été déposés sur l'autel et bénis, leur eurent été distribués par les diacres et qu'ils les eurent mangés, en de fraternelles agapes, le sacrifice commença.[1]

Jean consacra le Pain de Vie et le calice de Bénédiction. Il pria pour les martyrs et pour les fidèles, pour les vivants et pour les morts, et les diacres distribuèrent au peuple le pain et le vin eucharistiques et Caïus en reçut sa part avec un tremblement de saint respect.

Il fut décidé que l'Apôtre se cacherait dans le cimetière, avant de partir pour son exil, afin de consoler encore, pendant quelques jours, les fidèles de Rome.

Quand le sacrifice fut terminé, chacun se retira et, bientôt, il ne resta plus, près de la chaire auguste de Pierre que le bien-aimé disciple de Jésus et quelques diacres.

— Père, dit alors Caïus, en se prosternant devant

tous les fidèles fussent favorisés de ce don très estimé dans la primitive Église, comme une grâce insigne de l'Esprit-Saint (I Corinthiens, 14, 1, 5). Les fidèles recevaient aussi, souvent, d'autres dons : celui des langues, des visions, de sagesse et de connaissance (gnosis), du discernement des esprits, de la guérison des malades et des miracles. Peu à peu, sous l'influence de la tiédeur, ces dons disparurent et déjà on n'en trouve plus trace dans les actes de la fin du premier siècle.

(1) Il était d'usage, au premier siècle, de faire précéder d'un repas la célébration des mystères et la communion à la sainte Eucharistie, en mémoire même de la forme de son institution faite après la Cène ou tout au moins pendant la Cène. Cette coutume avait donné lieu à des abus tels que l'autorité ecclésiastique songeait à l'abolir et que déjà S. Paul (I Corinthiens, 11, 33 et suiv.), s'était véhémentement élevé contre ces abus, notamment à Corinthe. Toutefois, S. Chrysostome, Pélage, Théodoret, croient que l'Eucharistie précédait les agapes. S. Augustin pensait le contraire. C'est un point en litige comme beaucoup d'autres dans l'histoire de l'Église primitive.

l'Apôtre, bénis-moi afin que je supporte avec résignation l'horrible tribulation qui m'attend.

— Sois en paix, Caïus, serviteur du Christ, dit Jean en lui imposant les mains, les cheveux de notre tête sont comptés et rien n'est impossible à Dieu. Des profondeurs de la misère, sa grâce fait surgir le salut. Va en paix, l'ange du Seigneur te ramènera auprès de moi plus tôt que tu ne le penses.

Le romain se releva et, conduit par un des diacres, il remonta l'escalier rapide du *prœdium* et se retrouva, seul, sous le ciel calme et dans la nuit resplendissante.

— Est-ce un rêve, se demanda-t-il avec angoisse et ce beau jour de ma vie aura-t-il un lendemain heureux?

Une douloureuse pensée étreignit, alors, son cerveau et fit battre douloureusement son cœur.

Là-bas, près du temple de Jupiter Stator, à l'extrémité du Forum romanum, dans un sombre cachot, livrée à toutes les horreurs de l'agonie, une femme, sa sœur, la grande prêtresse de Vesta, attendait la mort, et quelle mort! et le jour qui allait poindre éclairerait d'un dernier soleil, ses yeux aveuglés par les larmes! Rome la cruelle, Rome l'impitoyable allait enterrer vive sa grande Vestale. Elle aussi, allait descendre vivante dans les entrailles de la terre, mais, nulle clarté supérieure n'éclairerait son tombeau! Et il ne pourrait même pas lui donner un mot d'adieu, une parole d'espérance, lui montrer une lueur de cette foi qui illuminait maintenant son âme.

Il se jeta à genoux pour adresser au nouveau Dieu qu'il servait, une ardente prière; mais nulle parole ne put sortir de ses lèvres; son cerveau se refusait à formuler un désir, et il ne put que mettre tout son cœur dans ces seuls mots répétés cent fois :

— Dieu! mon Dieu! Dieu!.... Pitié, mon Dieu!

. . . .

VII

PROVIDENCE ET SALUT.

Caïus songea que tant d'événements successifs dès son arrivée à Rome, ne lui avaient pas encore permis de prendre un instant de repos ; il se dirigea vers sa maison, une des plus anciennes villas patriciennes de Rome, située sur le flanc des Esquilies et qu'avait épargnée, même, l'incendie allumé par les esclaves de Néron.

Il gagna donc la voie Nomentane, en franchit la porte sous l'œil vigilant de la sentinelle romaine et s'engagea le long de l'enceinte de Servius Tullius qu'il suivit jusqu'aux jardins de Mécène, près desquels s'élevait sa demeure dans laquelle il vivait en célibataire, malgré les rigueurs de la loi romaine à cet égard, et en philosophe pour qui la vie ne vaut que parce qu'elle sert à l'épanouissement de la pensée.

Il n'entra point par le portique, ne voulant pas, en ces heures à la fois sublimes et terribles de sa vie, que la vue d'aucun de ses esclaves troublât ses profondes méditations.

Après avoir fait le tour de la maison, il ouvrit, à l'aide d'une clef qu'il tira de la bourse suspendue à sa ceinture, une petite porte qu'il franchit et referma.

Il se trouva, alors, dans un vaste jardin planté d'arbres

Ne parle pas ainsi, Caïus, je n'ai ni force ni puissance
et l'on ne doit adorer que Dieu, maître des hommes et des choses. (P. 98.)

bien taillés, égayé de blanches statues de marbre qui semblaient écouter, immobiles, le murmure des eaux susur-
rantes dans les vasques de porphyre.

Sur les murs étaient figurées des perspectives de verdure
ornées de temples et de colonnes qui donnaient aux yeux
l'illusion des grandes étendues.

Il contempla mélancoliquement ces richesses, et, par une
allée couverte, gagna la colonnade du péristyle sous laquelle
il s'engagea.

Bientôt, il arriva dans l'atrium, au milieu de l'ombre et
du silence, prit une des lampes accrochées au candélabre de
bronze et pénétra dans le tablinum orné de riches mosaïques,
de peintures et de statues dont la mate blancheur les faisait
ressembler à des fantômes.

— Voilà donc, dit-il, les images de ces dieux farouches
et impurs auxquels j'ai retiré, pour la donner au Dieu de
Jean, une foi qui n'avait plus de racines dans mon cœur.
Bientôt vous disparaîtrez, symboles de l'imposture créés et
nourris par les rites abominables de la théurgie des ténèbres,
et je disperserai vos débris hors de mon foyer, comme j'ai
chassé votre culte de mon cœur!

Ayant ainsi parlé, il retira sa chaussure et son manteau,
et, ayant accroché sa lampe au candélabre, il s'étendit sur le
lit de citronnier aux précieuses incrustations d'ivoire, appe-
lant, parmi la pourpre molle des coussins, un instant de
sommeil et une heure d'oubli.

Tout à coup, il lui sembla que la lampe s'éteignait.

Les murs du tablinum lui parurent se creuser en sombres
et profonds corridors, étoilés de loin en loin, par de faibles
et rougeâtres lueurs.

Au même moment, une forme vague se tint devant lui.

D'une main, la forme, trop indécise, mais qui semblait
celle d'un vieillard, mettait un doigt sur sa bouche et, de
l'autre, lui montrait un pic avec lequel on creuse la terre.

Et, soudain, il perçut des coups lointains pareils à ceux qu'on entend dans les mines d'où les esclaves retirent les métaux précieux et les gemmes rares.

La forme vaporeuse lui fit signe de se lever et il se sentit une force qui le soulevait et l'entraînait malgré lui.

Il allait, porté, sans le secours de ses pieds, et il demanda, effrayé de cette marche à laquelle ses organes locomoteurs n'avaient point de part :

— Qui donc me mène?

Et, involontairement, il ajouta :

— Est-ce le sombre destin?

Mais une voix douce dit à son oreille ce seul mot, comme un souffle de zéphir :

— Providence!

Et ses yeux voyaient, souvenir récent, autour de lui, d'innombrables inscriptions se dérouler sur des plaques de marbre, d'ardoise, de granit, de lave, et toutes portaient des noms de morts suivis de ces mots uniformément répétés : *Déposé en Paix!*

Tout à coup, devant lui, une masse de terre s'écroula sous les chocs d'un ouvrier invisible.

Alors, il vit une verdoyante campagne et des horizons à perte de vue, splendide décor orné de toutes les richesses de la nature, et une foule se tenait autour d'une grotte qu'il comprit être un tombeau.

Puis, un personnage plein de grâce et de noble majesté s'avança, et, parlant à la foule qui paraissait le supplier, il prononça distinctement ces paroles :

— Ne vous ai-je pas dit que, si vous croyez, vous verrez la gloire de Dieu? ouvrez ce tombeau!

Et quand on lui eut obéi, il leva les yeux au ciel et dit :

— Mon Père! je vous rends grâces parce que vous m'avez exaucé! Pour moi, je sais que vous m'exaucez toujours ; mais, je dis cela pour ce peuple qui m'environne, afin qu'il sache que c'est vous qui m'avez envoyé.

Et d'une voix forte il cria :

— Lazare ! je te l'ordonne, sors !

Et Caïus vit un mort, enveloppé de bandelettes, qui se leva et sortit de la tombe.

— Quel est donc celui qui ressuscite les morts ? demanda-t-il avec admiration.

— C'est le Dieu des vivants ! dit une voix douce à son oreille, Jésus le Christ, Fils unique du Père, en union avec le Saint-Esprit. Celui qui est l'alpha et l'oméga de la vie.

Caïus reconnut la voix de Jean.

Comme il levait les yeux sur le mort ressuscité, pour tâcher d'en connaître les traits, il vit, à sa place, une femme vêtue de blanc et voilée d'un ample et épais flammeüm qui ne permettait pas de distinguer son visage et qui s'évanouit en même temps que le reste du tableau, en murmurant :

— Il a bien fait toutes choses !...

Le reste se perdit pour Caïus qui ne vit plus rien et tomba dans un sommeil de plomb.

. . . .

Le soleil avait déjà parcouru la moitié de sa course. Caïus dormait toujours.

Cependant, Rome était en rumeur, car la terrible cérémonie allait se perpétrer à ses yeux.

Le Forum romanum regorgeait de monde, les rues voisines ne pouvaient plus déverser le trop plein du peuple qui s'y étouffait à l'envi, stylobates, portiques, corniches, fenêtres, toits, étaient chargés de véritables grappes humaines qui n'avaient même pas épargné les rostres de la tribune aux harangues.

Seuls, les parvis sacrés de Vesta étaient vides, défendus par leurs hautes balustrades gardées par une haie de prétoriens aux piques menaçantes, tandis que, de la coupole du petit temple circulaire, s'échappait vers le ciel la bleuâtre et tranquille vapeur du foyer sacré.

Une rumeur parcourut soudain la foule ; les mieux placés, c'est-à-dire ceux qui étaient sur les toits des maisons et sur les corniches, avaient signalé l'approche du cortège impérial bientôt annoncé par l'éclat des trompettes, car l'empereur était souverain pontife de tous les cultes de l'Empire.

Déjà, les légionnaires qui ouvraient la marche, refoulaient violemment le peuple qui s'écrasait dans l'imprévu de la reculade.

A la suite de l'empereur, venait le collège des prêtres et les représentants de tous les temples de Rome, les initiés à tous les mystères, portant leurs insignes et leurs idoles et remplissant l'air de lamentations scandées par des mélopées musicales, funèbres et lugubres.

Aux portes du temple de Vesta, le cortège s'arrêta et quatre licteurs pénétrèrent, sous la surveillance de plusieurs prêtres, dans l'atrium des vestales.

Bientôt après, au milieu d'un immense silence angoissé, ils en sortirent portant une litière fermée de lourdes draperies de laine blanche plusieurs fois repliées sur elles-mêmes et attachées avec de fortes courroies qui les maintenaient étroitement fermées, afin d'étouffer les plaintes de la condamnée.

Derrière, venaient les deux plus anciennes vestales, marchant tristement dans leur longue stole de laine blanche bordée de pourpre.

Les licteurs prirent le devant et la procession se mit en marche le long de la *via longa* pour gagner la porte Colline auprès de laquelle était le Champ scélérat, l'*Agger*, où l'on enterrait vives les vestales qui manquaient à leur vœu.

Là, était creusé un tombeau en forme de petite chambre, profondément enfoncée dans la terre.

Selon l'usage, on y avait placé un lit et une table sur laquelle se trouvait du pain, de l'eau, du lait et de l'huile, avec une lampe qui éclairait d'une blafarde et fuligineuse lueur l'horreur de cette étroite demeure.

Ironie suprême! la loi implacable ne voulait pas qu'il fût dit que la vestale condamnée était morte de faim!

Lentement, le cortège arriva et les licteurs déposèrent la litière au bord du tombeau.

Une à une, ils en délièrent les courroies.

Cornélia apparut, alors, pâle, les yeux rougis par les larmes et dilatés par l'horreur.

— Quoi! s'écria-t-elle, César me condamne, moi qui ai offert tant de sacrifices pour sa gloire, son bonheur et la prospérité de l'Empire! Ce n'est pas possible! Grâce! César! César!

Mais le grand pontife resta impassible et les licteurs firent descendre la grande prêtresse dans la fosse profonde.

Pendant ce temps là, le grand pontife, levant les mains au ciel, faisait les prières indiquées par les rites. Quand il eut terminé, il donna le signal du départ et partit lui-même suivi de tous les prêtres, tandis que les licteurs remplissaient de terre l'entrée du caveau, jusqu'à ce que la place fut entièrement nivelée.

. . . .

Caïus se réveilla de son lourd sommeil et jeta les yeux sur la clepsydre qui marquait l'heure, dans un coin du tablinum.

Il faillit l'accuser d'erreur, mais un coup d'œil sur l'état du ciel lui fit bien vite comprendre qu'il avait dormi plus que de raison. Le soleil était à son extrême déclin.

— Je me souviens vaguement, dit-il, avoir fait un singulier rêve...

— Oh! pensa-t-il aussitôt, c'est aujourd'hui le jour terrible... et à cette heure... ô Cornélia! Cornélia! ma sœur!... cruelle Rome!... cruelle Vesta!... Du moins, j'irai sur son tombeau quand il n'y aura plus personne aux alentours pour insulter à ma douleur!... Mes esclaves, eux-mêmes, ignorent encore mon retour...

Il tira d'une armoire une amphore où dormait un falerne qui avait mûri au soleil d'Auguste, il en versa dans une coupe précieuse, et, prenant quelques gâteaux, il se réconforta sans faire tort à son chagrin.

Le soleil, maintenant, avait complètement disparu et la nuit étendait son voile crépusculaire diamanté de rares et encore pâles étoiles.

Il sortit de sa demeure furtivement, comme il y était rentré, le matin, traversa le péristyle et le jardin sans rencontrer aucun esclave ni même son intendant, ouvrit la petite porte dérobée qui donnait près des jardins de Mécène et, suivant l'enceinte de Servius Tullius, gagna la porte Colline et l'*Agger* où, à la clarté de la lune au pâle croissant, il reconnut la place du tombeau à la terre fraîchement remuée et soigneusement tassée.

— C'est ici! dit-il, avec un soupir qui se changea en un sanglot douloureux.

Et, se prosternant sur la terre fraîche, il dit :

— O Dieu de Jean et mon Dieu depuis hier, toi qui permets qu'on te prie et qui, seul, opères des miracles, n'est-ce pas tenter l'impossible et blasphémer que de te demander, au nom de Jésus-Christ ton Fils unique, avec l'espoir, selon sa promesse, de n'être pas repoussé, de faire ce prodige de me rendre une sœur chérie qui te connaîtrait et te servirait, qui t'aimerait, peut-être, au point de sacrifier volontiers sa vie pour toi! N'as-tu pas ressuscité des morts, à la prière de ton Fils? Elle n'est pas morte! N'as-tu pas, devant mes yeux, rajeuni ton saint et vénérable serviteur, dans cette chaudière où tout autre eut trouvé la mort la plus horrible! Dieu de Jean! Dieu de Jean! Dieu du vieillard! ô mon Dieu!... mon Dieu!...

.   .   .   .

A peine avait-il prononcé ces paroles qu'il sentit une main se poser sur son épaule.

Une secrète horreur hérissa ses cheveux sur sa tête. Mais une voix murmura à son oreille :

— Caïus ! le Dieu de Jean et notre Dieu est le seul tout-puissant !

Il leva, alors, les yeux et vit un vieillard qu'il reconnut pour être celui avec qui il avait assisté au glorieux supplice de l'Apôtre, la veille, à la porte Latine.

— Vieillard, lui dit-il...

Mais le vieillard mit un doigt sur sa bouche, pour lui indiquer le silence, et lui fit signe de se draper dans son manteau et de le suivre.

Ils se mirent en route, dans la nuit.

Ils franchirent, en silence, la porte Colline, puis, par la voie et la porte Nomentane gagnèrent la campagne.

Caïus, songeur, sentit un éclair passer dans son cerveau et il se souvint, tout à coup, du songe obscur de la nuit que son lourd sommeil avait presque effacé, et qui, maintenant, prenait dans sa mémoire des contours nets et précis.

Il marchait, n'osant interrompre le silence que son compagnon lui avait imposé, tout à l'heure.

Cependant, après plusieurs détours dans les sentiers bordés de vignes, il reconnût le *prœdium* par lequel, la veille, il était entré dans le cimetière.

Toujours muet, le vieillard en ouvrit la porte ; ils entrèrent et s'engagèrent, après avoir pris des lampes, dans l'étroit escalier.

Arrivés en bas, le vieillard lui montra un long et étroit corridor qui s'enfonçait dans le lointain du sol, étoilé de loin en loin par quelques rares points d'or.

— Marchons, dit-il, nous allons refaire sous terre un chemin égal à celui que nous venons de faire au-dessus du sol.

En effet, ils marchaient depuis longtemps déjà, lorsqu'ils arrivèrent à un escalier qui montait rapide, et étroit.

— Allons-nous remonter au jour? demanda Caïus avec anxiété.

— Non, dit le vieillard. Cet escalier conduit à un enclos appartenant à une famille patricienne qui croit en Jésus-Christ, et ce long corridor que nous venons de suivre a été creusé depuis longtemps déjà, dans le but, au cas où le cimetière serait envahi, de permettre aux fidèles de dérouter les poursuites des soldats et de s'échapper par cette villa éloignée, après avoir, au moyen de quelques coups de pioche dans la voûte, fermé le corridor avant que les soldats aient pu l'envahir. Mais ce n'est pas tout. Ecoute!...

Caïus prêta une oreille attentive et il perçut, comme dans son rêve, des coups rapides comme ceux de plusieurs pioches qui entameraient la terre avec ardeur.

— Je suis, dit le vieillard, le fossor Hilarius, je connais avec perfection le sol et le sous-sol des quartiers sous lesquels s'étendent les cimetières encore peu nombreux, mais qui se multiplieront certainement. J'ai deux fils et des aides incessamment occupés à ces travaux souterrains. Tu n'as pas remarqué, sans doute, que, par une pente douce, le chemin que nous avons fait nous a insensiblement rapprochés de la surface du sol. Nous n'en sommes, ici, qu'à quelques pieds, et, si tu veux te convaincre de mes connaissances topographiques, Caïus, je puis te dire, à quelques pouces près, le nom des endroits que nous traversons. Suis-moi dans cette galerie.

Caïus s'engagea, avec le vieux fossor, dans le corridor étroit où retentissaient les coups.

— Ecoute, mon frère, dit Hilarius, le vénérable Jean a pour toi l'affection d'un père. Il a le don de vision et il a vu tous les tableaux de ta douleur et il a prié Dieu de verser le baume du miracle sur les plaies de ton cœur. Que la joie ne t'affole pas, écoute... vois ce mur...

Le fossor fit une raie sur le tuf avec la fumée de sa lampe.

— Ici reposent les fondations de la porte Colline, et nous avons dû prévoir le cas où notre travail souterrain les affaisserait en partie. Là, continua le fossor, s'étendent des terrains vagues où l'on ne construira pas avant longtemps. Nous savons éviter les obstacles et les substructions importantes et arriver au but. Mais cette galerie à laquelle, sur l'ordre de Jean, nous travaillons avec ardeur depuis deux jours, est destinée à être comblée aussitôt que notre œuvre sera accomplie.

— Achève, vieillard, dit Caïus avec angoisse, je n'ose te comprendre!...

En ce moment, ils étaient arrivés à l'endroit où Tranquillus, Rusticus et leurs aides entamaient la terre avec ardeur.

— Sais-tu où nous sommes, en ce moment, Caïus? dit le vieillard. Nous sommes dans l'*Agger*, quelques mètres encore, peut-être, et... par la grâce du Seigneur Jésus qui nous a enseigné l'amour de nos frères, ta sœur te sera rendue.

— O mon Dieu! s'écria Caïus en se prosternant et en levant les mains au ciel, quelles actions de grâces ne vous devrai-je pas et à mes frères, pour un si noble bienfait!...

Et, s'adressant au vieux fossor :

— Vieillard, lui dit-il, qui que tu sois, homme libre, affranchi ou esclave, tu es noble de la noblesse du Seigneur Jésus-Christ, ô mon frère, ô mon père, permets-moi de te serrer dans mes bras!

Et le noble et délicat patricien embrassa le rude et poudreux fossoyeur, et leurs larmes se mêlèrent et se confondirent.

. . . .

A mesure qu'ils avançaient dans leur travail, Hilarius guidait ses fils et leurs aides, en se reportant incessamment à un plan minutieusement tracé sur une ardoise, avec un style, relatant les moindres accidents de terrain, prévoyant les détours et équilibrant les niveaux avec une intelligence merveilleuse.

— Mes enfants! s'écria-t-il tout à coup, c'est ici le moment d'aller doucement en besogne. D'après mon plan vous allez bientôt rencontrer le puits creusé pour servir d'entrée et de descente dans le caveau de l'*Agger*; vous le reconnaîtrez à la mollesse de la terre; il faudra, alors, soutenir le plafond, de peur que l'éboulement des couches supérieures se produisant, votre travail soit découvert au-dessus du sol. Courage! enfants, ne perdez pas de temps, car chaque heure qui s'écoule enlève, dans ce tombeau, un peu d'air respirable et menace la vie d'une créature que Dieu appelle au baptême, à la foi et au salut.

A peine avait-il achevé de parler que la pioche s'enfonça, sans effort, dans une couche molle.

Ils dressèrent des étais dont ils s'étaient munis, et, avec des planches préparées d'avance, soutinrent le sol supérieur, comme le leur avait dit Hilarius. A mesure qu'ils déblayaient, ils prêtaient une oreille attentive, espérant surprendre des gémissements, un signe de cette vie qui devait se débattre dans l'horrible étreinte de la tombe.

Mais rien ne troublait le silence.

Caïus se tordait nerveusement les mains, les joignant dans la plus ardente prière jusqu'à en faire craquer les os.

La terre, maintenant, se déplaçait toute seule; enfin, un éboulement se produisit et le caveau apparut, noir et sans même le rayon passager de cette ironique clarté que devait donner la lampe. Nulle voix ne se fit entendre dans le profond silence du tombeau.

—Cornélia! cria Caïus avec angoisse, ma sœur bien-aimée! Rien!...

Alors ils allumèrent des torches et, à travers les amas de terre, ils virent la table renversée avec ce qu'elle supportait, la lampe, l'huile, l'eau, le lait et le pain. La terre, en tombant, avait produit ce désordre. Cependant, le lit n'avait pas été atteint et la vestale, immobile, drapée dans sa robe blanche bordée de pourpre et la tête couverte par son flammeum blanc, semblait une statue couchée, dans la rigidité du marbre, sur un sarcophage de pierre.

— Morte! s'écria Caïus avec douleur, morte! Il est trop tard!

Il se précipita et leva le voile. Un souffle léger passait par ses lèvres entr'ouvertes, attestant que la vie n'avait pas, en elle, abandonné ses droits.

— Elle dort où elle est évanouie! soyez béni, mon Dieu! s'écria-t-il, retirons-là de cette horrible prison!

Ils avaient tant de fois transporté des martyrs à travers les dédales des cimetières, que ce fut un jeu pour Hilarius et Rusticus de soulever Cornélia et de la transporter hors du caveau. Mais son évanouissement était si profond qu'elle ne parut pas avoir conscience des soins dont elle était l'objet.

— Maintenant, enfants, dit Hilarius à ses aides, à l'œuvre pour rétablir ces terres et faire disparaître les traces de ce corridor. Et nous, dit-il à Caïus, hâtons-nous de remonter au-dessus du sol; l'escalier est proche et nous trouverons dans la maison hospitalière dont j'ai parlé tantôt, tous les secours nécessaires.

— Et voilà, s'écria Caïus, comment le Dieu d'amour triomphe des dieux de haine! Vesta! tu es vaincue! mais quoi! Es-tu donc si terrible? tu n'es rien que de l'imposture vitalisée par le mensonge de tes créateurs et l'adoration crédule des foules imbéciles; divinité factice et fourbe, entretenue et nourrie aux frais de tes fidèles aveugles, que proche soit le jour où tu disparaîtras de la terre, toi et tous les démons que l'homme ignorant a placés dans l'Olympe, pour en faire des dieux à l'image de ses passions et de ses vices. Gloire à Jésus-Christ dans les siècles des siècles!

. . . .

VIII

RENDUE AU JOUR.

Quelques instants après, les dernières marches de l'escalier étaient franchies et les porteurs, suivis de Caïus et du vieux fossor, débouchaient au-dessus du sol, en un coin d'un vaste jardin planté d'arbres touffus, décoré de fontaines jaillissantes et de corbeilles de fleurs odorantes placées sur des piédestaux de marbre qui, jadis, avaient porté des statues profanes, aujourd'hui dispersées.

Ils n'entrèrent pas dans la maison, dont le péristyle profilait au loin ses colonnes aux sculptures corinthiennes et dans le poli desquelles la lune au croissant d'or, attachait des lueurs de topaze.

Mais ils entrèrent dans un petit édicule circulaire qui avait été, autrefois, un temple domestique et qui servait, maintenant, aux réunions des fidèles de Jésus-Christ.

Un lit y avait été préparé, ainsi que des boissons chaudes et épicées, par une vieille esclave chrétienne qui avait toute la confiance de ses maîtres.

Tranquillus et Rusticus y déposèrent Cornélia toujours évanouie, et se hâtèrent de redescendre sous terre, pour aider leurs compagnons à boucher soigneusement la galerie.

Le vieillard les suivit, accablé des bénédictions de Caïus.

Alors, la vieille servante frictionna énergiquement, avec des linges rudes, les membres raidis de Cornélia.

Entre ses dents serrées, Caïus fit couler, goutte à goutte, le breuvage réconfortant et salutaire.

Peu à peu, une douce chaleur revint dans les membres de Cornélia, sa respiration s'accéléra, une légère rougeur colora ses joues et elle poussa un profond soupir.

— O Vesta! murmura-t-elle, sans ouvrir les yeux, tu prends pitié de moi et tu m'envoies l'illusion de la vie! Fais qu'elle dure et que je ne m'éveille pas de ce rêve consolant pour retomber dans l'horreur de ma tombe!

— Cornélia! s'écria Caïus, réveille-toi, au contraire, ô ma sœur bien-aimée! ouvre tes yeux et vois! Maudite soit Vesta et tous les dieux! Tu es sauvée! un Dieu plus puissant que ceux de Rome, t'a arrachée au tombeau!

Cette fois, la grande Vestale ouvrit des yeux dilatés par la surprise et presque par l'effroi.

— Suis-je donc morte! s'écria-t-elle, et Caïus m'a-t-il suivie sur les sombres bords du Styx!

— Non! Cornélia, reprit Caïus, tu vis, ma sœur, tu vis réellement en ce même monde dont la cruelle Rome t'avait séparée. Gloire à mon Dieu, et qu'il soit le tien, aussi, pour toujours!

— Je vis! je vis! s'écria Cornélia dans une joie qui tenait du délire.

Et, se levant sur son séant.

— Est-ce possible! sauvée! ô Caïus! ô mon frère! quel est ce Dieu dont tu me parles? Je te le jure, il sera le mien pour toujours! Enseigne-moi son nom, sa connaissance, et je l'adorerai tous les jours de ma vie!

Rapidement, Caïus mit Cornélia au courant de tout ce qui lui était arrivé. Il lui narra ses courses lointaines à la recherche d'un interprète de l'oracle découvert dans les archives de sa famille, son voyage à Ephèse, la rencontre de l'Apôtre, ses conseils, son retour à Rome, le martyre de Jean, le miracle qui l'avait fait sortir de la chaudière, plus vigoureux et plus fort, sa descente dans le cimetière Ostrien, toute la clarté qui avait illuminé son âme, son baptême, sa participation aux purs mystères du Dieu de Jean, les grandes lignes de sa croyance nouvelle, son désespoir, sa prière, le travail des *fossores*, sur l'ordre de Jean, et les circonstances de sa délivrance hors des ténèbres de la tombe.

Cornélia l'écoutait avec une profonde attention.

Quand il eut terminé, elle jeta sur ses vêtements blancs, bordés de pourpre, un regard de dédain et elle s'écria :

— Je ne veux plus porter la livrée de Vesta, un seul instant, qu'on me donne une stole pure et qu'on détruise celle-ci !

La vieille esclave s'empressa de déférer à son vœu, sortit et revint, bientôt, avec une robe de laine blanche unie et sans ornements que Cornélia revêtit aussitôt.

Quelques instants après, la diaconesse Claudia entrait offrir à Cornélia, les moyens de s'instruire dans les vérités de la Foi qui devait la conduire au baptême.

Et il fut décidé, qu'à la première occasion favorable, elle quitterait Rome dans le plus grand secret, pour aller vivre, en sécurité, dans un endroit ignoré.

En attendant, elle devait rester à l'abri de ces murs hospitaliers cachée à tous les regards indiscrets.

TROISIÈME PARTIE

I

LE VŒU DES ÉGLISES.

Il en est des grandes joies comme des grandes douleurs ; on s'accoutume à les ressentir et si, lorsque cesse la douleur, on trouve naturel et légitime de rentrer dans la joie, quand s'est écoulé le temps du bonheur, on le voit s'éclipser avec chagrin et l'on ne comprend point qu'en ce monde il n'est rien qui soit immuable.

La persécution continuait, mais, tous les fidèles de Rome ressentaient une grande joie de savoir que le dernier survivant des Apôtres du Seigneur, le glorieux martyr de la Porte Latine, était à Rome, parmi eux.

Nul ne pensait plus que la proscription était suspendue sur sa tête et que chaque instant de plus qu'il passait dans la ville des Césars était un atroce danger.

Caïus n'avait pas oublié la bonté de l'Apôtre, mais, préoccupé de conformer désormais sa vie aux voies de la Foi nouvelle qu'il avait embrassée, il était accaparé par de multiples soucis.

Le premier de ses soins avait été de donner la liberté à une partie de ses esclaves et de diminuer le train de sa maison et le faste de son ancienne demeure, héritage de ses pères, ce qui pouvait s'expliquer aux yeux publics, par le deuil profond dont Rome entière le croyait accablé.

Pour remplacer les esclaves païens qu'il licenciait ainsi, il s'enquit avec soin des moyens de racheter à des maîtres païens, des esclaves chrétiens, pour leur donner la liberté et leur confier le soin d'administrer sa maison.

Cela fait, il leur donna comme première tâche, de détruire dans sa demeure et dans ses jardins, tous les emblèmes, toutes les statues susceptibles de rappeler aux yeux les mystères impurs d'un culte abhorré.

Bientôt, son histoire fut connue des principaux fidèles, des diacres et des prêtres qui voyaient, en lui, un enfant chéri du saint Apôtre de Jésus-Christ.

On savait, aussi, que la Vestale avait été arrachée à la mort, mais, par prudence, les détails avaient été tenus secrets et l'on ignorait le lieu de sa retraite. Néanmoins, nul n'ignorait que la diaconesse Claudia l'avait instruite des vérités de la foi, qu'elle avait reçu le baptême dans le *cœmeterium majus*, et qu'elle avait pris place parmi les saintes veuves de l'Église.

Personne n'eut songé à incriminer la prudence de Cornélia. Jésus-Christ n'avait-il pas dit à ses Apôtres :

« Si l'on vous persécute dans une ville vous fuirez dans une autre. »

Seule, Cornélia n'avait pas pensé ainsi.

Le peuple fidèle était réunie dans l'église du *cœmeterium majus*, où le saint pontife Clet célébrait les mystères eucharistiques.

Au dehors, l'orage de la persécution grondait comme un torrent déchaîné qui se précipite des montagnes et ravage tout sur son passage, roulant dans ses flots fangeux, comme

des fétus frêles, les membres du troupeau de Jésus-Christ.
Les prisons étaient pleines de martyrs, les diacres, les diaconesses et les saintes matrones ne suffisaient pas à les visiter
et à les consoler.

Quand l'office fut terminé, le diacre Reparatus vint dire
au Pontife qu'une veuve de l'assemblée désirait lui parler.

Clet y consentit et, dans la femme qui lui parla sans
relever son voile, il reconnut Cornélia.

— Saint Père, lui dit-elle, la grâce de Jésus-Christ m'a
retirée d'un tombeau anticipé et impie, et j'ai été admise à
l'insigne et heureux honneur d'entrer dans l'assemblée des
saints. Mais, j'ai quitté des entraves pour d'autres entraves et
je souffre de l'étroitesse de mes chaînes.

— Que voulez-vous dire, ma sœur? demanda le Pontife
qui n'entendait pas le sens de ces paroles.

— Saint Père, je viens vous supplier de briser ces chaînes
qu'a rivées une vaine prudence; car la prudence humaine
n'est rien devant la sagesse de Dieu et les éternels desseins
de sa divine Providence. Que suis-je? Une morte pour ce
monde qui m'a enterrée naguère. Une malheureuse que la
terre a déjà dévorée dans le mystère ténébreux de la tombe.
Qui pense à Cornélia, maintenant? On se souvient tout au
plus que la grande Vestale a été enterrée dans l'Agger et
qu'elle y est mûrée pour l'éternité! Vous voyez donc, Saint
Père, que nul danger ne me menace plus, puisque je suis
morte; et je le suis doublement, puisque, remontée sur la
terre, j'ai, volontiers et avec joie, quitté cette terre reconquise
pour l'héritage de Jésus-Christ. Permettez-moi donc de ne
plus me cacher, souffrez que je travaille pour mes frères et
que je visite, avec les matrones, les prisonniers, pour consoler
les martyrs. Rien de ce que j'étais jadis n'existe plus pour
personne ni pour moi, et si, par la volonté du Seigneur, je
suis appelée à donner ma vie pour notre commune foi, je
serai une inconnue obscure, un épi anonyme dans la moisson

divine dont le fléau fait sortir les grains comme des vertus,
pour enrichir les greniers du Ciel. Quoi qu'il arrive, je
n'ouvrirai point la bouche sur les choses du passé, afin de ne
pas trahir mon secret qui est celui de mes frères bien-aimés.

— Digne épouse de Jésus-Christ! s'écria Clet, avec émotion, je ne puis, en vérité, que déférer au pieux désir qui
souffle en toi comme une inspiration de l'Esprit-Saint. Tu es
libre de te consacrer aux œuvres saintes de la consolation;
va donc avec tes sœurs, parcours les prisons, porte aux martyrs l'amour de Jésus-Christ, éponge le sang des saints,
recueille leurs glorieuses dépouilles et que le Seigneur dont
le Nom saint est notre force, ratifie et féconde la bénédiction
que son vicaire répand, en ce jour, sur ta tête. Va, ma sœur,
dans la Paix du Seigneur Jésus.

Cornélia se retira, joyeuse, et, de ce jour, elle sortit
librement dans Rome et on eut pu la rencontrer, infatigable,
partout où Jésus-Christ avait des membres souffrants à consoler, à aider, à recueillir ou à introduire dans le saint
bercail de la Foi.

Celle qui marchait, autrefois escortée de licteurs, avait
maintenant un ange pour guider ses pas; celle que vêtait la
pourpre était décorée du sang de Jésus-Christ; celle qui
recueillait sur son passage les respectueuses salutations du
peuple, entendait la voix du silence qui parle à l'âme seule
et fait tinter en elle un écho des harmonies incorruptibles
du Ciel.

Jadis, quand la Vestale paraissait, le criminel conduit au
supplice recevait sa grâce; aujourd'hui, la sainte matrone
porte la grâce de Jésus-Christ, l'amour de Jésus-Christ, le
pardon de Jésus-Christ!

Qu'est-ce que cette vaine fumée qui s'échappe de la coupole du temple de Vesta, en comparaison du pur encens de
sa prière qui monte, chaque jour, vers les cieux!

Qu'est-ce que ce vain foyer de l'autel d'une déesse plus

vaine encore, lorsque l'autel de son cœur brûle en l'honneur
de Jésus-Christ des feux ardents d'un holocauste éternel !

Caïus avait appris de sa sœur, cette héroïque résolution,
et, chrétien sans défaite, il y avait applaudi.

Celle qui, en effet, descendue vivante dans un odieux
tombeau, avait pu s'étendre sur le lit funèbre, pour y attendre, immobile, la venue de la mort, dans une résignation
farouche, pouvait bien et devait faire à son Sauveur le
sacrifice d'une vie reconquise, vie mortelle changée par la
grâce divine de la Foi en une vie vivante et incorruptible,
devant le soleil de laquelle, la périssable clarté des yeux
terrestres n'est rien qu'une vibration passagère qui ne donne
pas même la plus illusoire idée du mystère de la durée !

Et, lui-même, favorisé par tant de grâces, aspirait au
bonheur de puiser à la source même de la philosophie divine,
devant laquelle la philosophie humaine n'est qu'ombre et
reflet, tâtonnement et obscurité.

Où la trouver ?

Jean lui apparaissait comme l'ange terrestre de cette
Eglise ; ce n'était pas, à ses yeux, un vain ornement que
cette bandelette d'or qui resplendissait sur son front.

Si, dans les cultes anciens, pâles images, quand ils étaient
purs, du culte nouveau, rite éternel des mystères ardents du
divin amour, les Pontifes décoraient leur tiare d'un ornement
analogue[1] destiné à rappeler à tous, l'immanence du rayon
divin sur la terre, quelle signification un tel symbole ne
devait-il pas avoir dans l'esprit de Jean, qui avait dû puiser

(1) C'est ainsi que nous avons vu (Voir *La Promesse accomplie* et *Rédemption*)
que le grand-prêtre des Juifs portait sur sa tiare, par ordre de Moïse, une plaque
d'or sur laquelle était gravé cette parole « Sainteté de Jéhovah ». En Égypte, nous
avons vu l'*Ureus* jouer le même rôle. Dans les cultes de la Grèce et de Rome on connaissait également l'usage de ce symbole mystique. Les premiers papes portaient
aussi une couronne dans les cérémonies.

la science du mystère des cieux, aux lèvres mêmes du divin Maître !

Caïus se souvint que Jean lui avait prédit qu'il le reverrait bientôt. Aussi, dans cet espoir, il était retourné au cimetière Ostrien, pour se prosterner aux pieds de l'Apôtre et le supplier d'augmenter son instruction dans les mystères de la Foi.

Il y trouva tous ses frères dans la consternation, et le seul renseignement que l'on pût lui donner fut que Jean était parti secrètement de Rome sans se confier à personne sur le lieu de sa retraite.

D'abord, on avait craint qu'il eut été saisi par surprise et jeté en prison, mais les renseignements centralisés avaient établi la conviction que le saint vieillard n'était plus dans la ville des Césars. Clet, lui-même, déclarait ignorer le lieu vers lequel il avait dirigé ses pas.

— Mes frères, avait-il dit, respectons, dans le silence de Jean, la volonté de Dieu. Jésus-Christ, notre Seigneur, qui l'a sauvé de la chaudière, le sauvera de toutes les embûches de nos ennemis et commettra des anges à sa garde pour le protéger et veiller sur lui dans les pas difficiles. Prions donc pour l'Apôtre vénérable et attendons que, lui-même, ait jugé à propos de nous éclairer sur la direction prise par son ardente charité.

Cependant, un regret comme un aiguillon tourmentait l'esprit de Clet.

Il eut voulu, avant le départ de Jean, lui faire une prière, expression des vœux tacites de l'Eglise tout entière.

On possédait, alors, dans l'assemblée des fidèles, trois évangiles composés par trois auteurs différents : Matthieu, Luc et Marc, et chacun de ces trois auteurs avait composé son livre, non à la manière des livres de Moïse, mais seulement pour mémoire des différents événements qui les avaient le plus frappés pendant la vie terrestre de Jésus.

Jean ne semblait-il pas désigné pour doter l'Eglise, à son tour, d'un livre qui contiendrait, fixé pour les siècles, la pure et immuable doctrine du Verbe fait chair.

L'écriture, il est vrai, était un facteur que Jésus, lui-même, paraissait avoir écarté volontairement des moyens destinés à propager la lumière qu'il était venu apporter au monde.

Il n'avait jamais dit, en effet, à aucun de ses disciples : « Ecrivez; » mais bien : « Parlez, prêchez, enseignez toutes les nations. » Il avait dit aussi : « Ne vous mettez pas en peine de composer des discours, je vous enverrai l'Esprit de toute Vérité, et, en ce temps-là, toute éloquence vous sera départie d'en haut. »

Jésus, en effet, était le Verbe, le Logos, la Parole du Père, incarnée dans le monde, et c'était par la Parole qu'il avait jeté les fondements de son Eglise sur la terre et enseigné à tous le mystère du salut.

Mais, à mesure que le temps s'ajoutait au temps, la nécessité d'écrire, pour suppléer à la prédication, s'était peu à peu imposée.

Les Apôtres, qui laissaient derrière eux des églises à peine formées, correspondaient avec elles par des lettres et des épîtres destinées à alimenter la foi des fidèles, à compléter leur enseignement oral, à redresser les erreurs qui pouvaient s'introduire parmi eux et, enfin, à combattre les hérésies qui, déjà, surgissaient de toutes parts, fatale ivraie à l'envahissement de laquelle sont exposés les champs des plus pures semailles.

Mais, hélas ! ces écrits, eux-mêmes, n'échappaient pas au triste destin de la corruption de leur sens réel livré à l'adaptation souvent la moins juste de la part des ignorants, des malicieux, des ennemis ou seulement des vicieux, capables d'y chercher sacrilègement jusqu'à des excuses tortueuses à leurs péchés.

Aussi, Jean n'avait-il écrit que des lettres, n'ayant jamais voulu toucher à l'arche sainte de la doctrine verbale.

Cependant, les voix les plus autorisées dans l'Eglise universelle, notamment celles des évêques de l'Asie-Mineure et de nombreux disciples directs du Sauveur, encore vivants, l'avaient déjà sollicité de composer un Evangile spirituel pour compléter les quatre autres qui, à proprement parler, ne relataient que les faits de la vie extérieure et apostolique du Seigneur.

Clet, lui aussi, partageait cet ardent désir et il eut voulu le témoigner à Jean parti sans en avoir entendu l'expression, de sa bouche.

Sur ces entrefaites, un messager apporta au Souverain Pontife des lettres secrètes.

Clet les ouvrit, pour en prendre connaissance ; elles étaient ainsi conçues.

> A notre vénérable frère Clet, Paix et Salut
> au nom du Seigneur Jésus !

Vénérable frère, nous, évêques de la sainte Eglise de Jésus-Christ, avons vu partir de la terre d'Asie le vénérable Jean, apôtre, et pensons que, peut-être, il est allé à Rome visiter les églises. Par ces lettres, te supplions d'accueillir et recevoir nos envoyés, afin qu'ils te fassent connaître ce pour quoi nous les avons missionnés vers toi, pour des choses importantes qui se rapportent à Jean.

Salut et Paix avec toi dans le Christ-Jésus.

— Quels sont ces envoyés et où sont-ils ? demanda Clet au tabellarius qui lui avait remis les lettres.

— Saint Père, répondit ce dernier, ils sont trois diacres d'Ephèse : Théotime, Soter et Philothée. Déguisés en marchands, ils suivent la route d'Ostie et m'ont envoyé devant eux te demander où ils doivent recevoir l'hospitalité.

— Dis-leur qu'ils viennent sans crainte, sauf toutes précautions de prudence naturelle, répondit Clet, et, qu'arrivés à Rome, ils demandent l'hospitalité à Caïus-Lucius-Verus, en sa maison de l'Esquilin. La Paix de Jésus-Christ soit avec toi !

— Et avec ton esprit, Saint Père, répondit respectueusement le tabellarius qui se remit en route pour aller, en hâte, à la rencontre des trois diacres.

Pendant ce temps-là, le Souverain Pontife faisait prévenir Caïus qui, dès le jour où il avait changé l'ordre de sa demeure, l'avait mise à la disposition de tous ses frères.

Le tabellarius eut tôt fait de rejoindre les diacres grecs et, quelques heures après, ils arrivaient aux Esquilies où Caïus les recevait avec respect.

Il leur offrit, lui-même, l'eau destinée à délasser leurs pieds fatigués et poudreux et leur fit servir, dans le triclinium, un repas réconfortant, ordonnant qu'on préparât aussi des chambres qu'ils devraient habiter pendant leur séjour à Rome.

Cette nuit-là même, Clet venait s'entretenir avec eux des motifs de leur voyage dans la ville des Césars.

Ils venaient s'informer de Jean, pleurant d'avoir vu s'éloigner d'eux le vénérable Apôtre et craignant de ne plus le revoir.

Par la bouche de Clet, ils apprirent, alors, que la persécution sévissait à Rome cruellement, à cette heure, et que Jean, à peine arrivé, en avait subi les atteintes, mais que la grâce de Jésus-Christ avait fait en lui des merveilles, que l'Apôtre était parti de Rome dans le plus grand secret, que nul ne savait vers quelle région il avait dirigé ses pas, quoique l'ordre de Domitien l'eut condamné à l'exil dans l'île de Pathmos, selon le dire de quelques-uns.[1]

---

(1) Pathmos, aujourd'hui *Patmo*, l'une des Sporades de l'archipel grec, appartenant à la Turquie, servait aux empereurs romains de lieu d'exil et de bannisse-

— Nous irons à Pathmos, s'il le faut, vénérable Père, répondirent les diacres, pour obéir aux évêques qui nous ont missionnés ; mais, auparavant, nous venons, en leur nom, te demander de joindre tes instances aux nôtres, pour obtenir de notre vénérable père Jean, qu'il écrive pour nous tous et pour les générations de l'avenir, ce qu'il sait concernant la doctrine même du Seigneur Jésus.

— Je vous seconderai de tout mon pouvoir, répondit Clet, au nom de tous mes frères. Quant au moyen de vous rendre à Pathmos ou ailleurs, notre frère Caïus qui ne regarde à aucun sacrifice pour l'amour de Jésus-Christ, vous les fournira, j'en suis sûr.

Caïus confirma, avec joie, cette proposition ; par ses soins, une galère fut frétée dans le port d'Ostie, et, quelques jours après, ayant remis le soin de sa maison et de l'hospitalité chrétienne à son intendant, il s'embarqua avec les trois diacres grecs et trois autres diacres de l'Eglise de Rome désignés par Clet et porteurs, en son nom, des lettres apostoliques pour le vénérable apôtre Jean.

ment. C'est une masse irrégulière de roches stériles, mesurant cinquante kilomètres de circonférence, située à environ soixante kilomètres ouest de la côte de l'Asie Mineure. Elle compte aujourd'hui environ quatre mille habitants de nationalité grecque. La tradition veut que S. Jean y fut exilé et y composa son évangile et son apocalypse comme il en témoigne lui-même, au début de ce dernier ouvrage, à moins que cette désignation, employée par l'Apôtre lui-même, ne soit une image destinée, par analogie, à signifier non un lieu, mais un état d'extase, un plan de méditation, à l'abri de toute considération et de tout bruit humain.

Un bon vent enflait les voiles du navire laissant les rameurs
inactifs sur leur banc, et la nef légère glissait sur les flots azurés,
comme un poétique alcyon. (P. 133.)

II

Le ciel était pur, la mer était bleue; un bon vent enflait les voiles du navire laissant les rameurs inactifs sur leur banc, et la nef légère glissait sur les flots azurés, comme un poétique alcyon.

Peu à peu, les côtes de l'Italie diminuèrent aux yeux des passagers; puis, celles de la Sicile apparurent; puis, les rivages harmonieux de la Grèce et le fouillis des îles de son archipel. Enfin, après plusieurs jours d'une heureuse navigation, le vaisseau entra dans une baie étroite bordée de rochers, et l'on débarqua.

Le port était misérable et la ville que ses eaux baignaient, plus misérable encore.

Cependant, à la vue d'un vaisseau entrant en rade, les habitants étaient accourus, car ce n'était pas un spectacle journalier pour eux.

— Dites-moi, demanda Caïus aux habitants qui faisaient cercle autour d'eux, quelqu'un de vous a-t-il entendu parler du Seigneur Jésus-Christ?

Mais tous se regardèrent avec surprise et nul ne répondit à sa question.

— A quelle époque est-il arrivé ici un navire venant de l'Italie? demanda de nouveau le romain.

— Il en est arrivé un il y a quinze jours, dit un vieillard qui s'était approché.

Et, tout bas, il ajouta :

— Je connais le Seigneur Jésus-Christ, venez dans ma maison qui se trouve à quelques pas d'ici et je vous apprendrai quelque chose.

Ils suivirent le vieillard, et il les mena sur un rocher peu élevé d'où on apercevait l'horizon mouvant de la mer.

Une humble cabane s'y élevait comme un fragile défi au caprice orageux des rafales dans les nuits de tempête.

Sur l'invitation du vieillard, Caïus et ses six compagnons y entrèrent et se trouvèrent au milieu d'instruments de pêche et de culture qui servaient, sans doute, à nourrir leur propriétaire.

— Mes frères, leur dit-il, la Paix soit avec vous, au nom de Jésus-Christ que vous avez invoqué.

— Et avec ton esprit! répondirent les sept hommes tout d'une voix.

— Je vous ai écartés de cette foule qui aurait pu montrer contre vous des sentiments d'hostilité, continua le vieillard, parce que je devine le but de votre voyage. Celui que vous cherchez est arrivé ici par la dernière galère que nous ayons vue dans notre port, avant l'arrivée de la vôtre.

A ces mots, une grande joie éclata sur le visage des voyageurs étonnés et ravis.

— Comment sais-tu?... demanda Caïus.

— C'est le secret de Jean qui m'a placé en sentinelle, dit le vieillard en souriant, et je ne l'ai pas approfondi. Il vous attendait, sans doute, puisqu'il m'a donné mission de vous recevoir et de vous guider sur cette terre qui vous est inconnue.

— Nous sommes prêts à te suivre, homme respectable,

dit Caïus, montre-nous le chemin qui conduit à Jean, si ardu soit-il.

Le vieillard fit un pas vers le seuil de sa maison et, de la main étendue vers l'espace, il en désigna un point.

Tous y portèrent les yeux et virent un grand vieillard qui descendait noblement le sentier de la montagne et se dirigeait vers la modeste maison.

— C'est le vénérable Jean ! s'écrièrent aussitôt, avec joie, Théotime, Soter et Philothée, en mettant leur main sur leur cœur comme pour en comprimer les battements.

— C'est bien lui ! s'écria Caïus transporté de joie.

— C'est lui ! répétèrent les trois diacres latins en montrant la même satisfaction.

— Vous l'avez reconnu ! dit le vieillard.

Ils voulurent, alors, s'élancer au-devant de l'Apôtre, mais Jean leur fit signe de l'attendre.

Quand il fut près d'eux, il leur dit :

— La Paix de Jésus-Christ soit avec vous, mes petits enfants, et son divin amour !

— Et avec ton esprit ! vénérable Père, s'écrièrent-ils. Quoi ! tu n'as pas permis que nous allions à toi ?

— Tout le monde ne peut aller à Pathmos, sans mission, répondit Jean d'un ton énigmatique. Vous êtes venus sur ce rivage, envoyés par mes vénérables frères les évêques de la Grèce, de l'Asie et de Rome...

— T'apporter ces lettres, dirent les diacres, en présentant à Jean les rouleaux de papyrus qui contenaient les objurgations pieuses des pasteurs des Eglises.

Jean les reçut et ne les ouvrit pas, mais il dit :

— Vous, diacres d'Asie, retournez dans vos églises, et vous, diacres latins, auprès de mon vénérable frère Clet, et dites que Jean se rend à leurs prières, mais que, pour leur donner satisfaction dans une chose si grave que de révéler au monde, en un écrit, de si augustes merveilles, l'Eglise entière doit, à cette intention, jeûner et prier, pour que le Saint-Esprit illumine celui qui assume la redoutable responsabilité d'éclairer les autres. Allez et faites ainsi, mes petits enfants, afin que la gloire de Dieu se manifeste par l'organe de son indigne serviteur.

Ils lui demandèrent, alors, sa bénédiction, et l'Apôtre, leur ayant imposé les mains, les bénit.

— Et moi, vénérable Père, s'écria Caïus, moi à qui tu as promis que je te reverrais bientôt!

— Es-tu capable d'aborder à Pathmos? demanda Jean avec une énigmatique bonté. Si tu le peux, reste.

Caïus comprit que Jean voulait lui dire :

— Si tu es capable de te désintéresser de toutes les choses sensibles et de débarrasser ton cerveau même de leurs reflets, pour entrer dans l'île déserte d'une méditation silencieuse et d'un abandon complet à l'influence de l'Esprit-Saint, reste.

— Je reste pour te servir, vénérable Père, dit Caïus avec joie.

Et, s'adressant aux diacres :

— Adieu, donc, mes frères, leur dit-il, le vaisseau qui vous a amenés vous rendra fidèlement à votre pays, car le traité que j'ai passé avec l'armateur le dédommage amplement de ses soins. La Paix soit avec vous!

Et, tandis que les diacres retournaient au port, à la suite de Jean, Caïus s'enfonça dans les sentiers déserts de la montagne.[1]

---

(1) Nous relevons dans les écrits de S. Athanase, qu'à l'époque où l'Apôtre S. Jean écrivit son Évangile un chrétien, nommé Caïus, demeurait avec lui et lui servait de secrétaire en écrivant sous sa dictée les pages sublimes que nous possédons de lui.

III

LA RETRAITE.

Ils gravirent longtemps.

Rampes arides bordées de ravins profonds à la végétation rare et ingrate, rochers calcinés et nus montrant leur ossature de ponce dépouillée de terre, cette chair féconde qui nourrit les moissons et d'où l'homme tire l'alimentation de son corps, montraient aux yeux un panorama d'horreur semblable à celui qui frappa les regards du Fils de Dieu lorsque, quittant les luxuriantes campagnes de Jéricho, il alla triompher, pendant quarante jours, du jeûne et de la tentation, dans les affreuses solitudes de la Pentapole désolée.

Mais Caïus ne s'inquiétait même pas, en lui-même, des problématiques ressources de la vie que pouvaient offrir ces déserts arides.

Guidé par Jean, il allait, silencieux et confiant dans la bonté de Celui qui nourrit les oiseaux du ciel et fait pleuvoir la rosée sur la terre.

Enfin, un îlot de verdure apparut, se détachant sur l'écran bleu du ciel.

Dans un creux de rocher circulaire et rappelant, par sa forme, un cratère de volcan, une couche de terre végétale

s'était formée, avec l'aide des siècles, sans doute, le concours
des oiseaux de mer et les débris des premiers végétaux qui
y avaient essayé la vie.

Là, croissaient, maintenant, quelques figuiers sauvages,
des câpriers, quelques dattiers et caroubiers portant tous
des fruits en abondance.

Une herbe drue poussant à leurs pieds, attestait que
l'eau douce leur était dispensée plus régulièrement que par
les pluies.

En effet, Caïus entendit murmurer une fontaine sur un
lit de cailloux et comprit qu'elle était alimentée par les eaux
de pluie amassées dans un bassin supérieur qui faisait
l'office de citerne.

En contre bas de cet oasis, une large grotte à plusieurs
compartiments s'ouvrait, fraîche et solitaire retraite dans
laquelle l'Apôtre avait, dédaignant les maisons dispersées
dans l'île, établi sa demeure.

Là, tout entier à la méditation, il écoutait la voix du
silence parler à son esprit et il attendait la lumière d'En-Haut.

Un seul hôte visitait, parfois, cette solitude sans la
troubler; c'était le vieillard du port, qui venait, de temps à
autre apporter dans la grotte les choses indispensables et,
sur la demande de Jean, principalement, des papyrus et des
calames autant qu'il pouvait s'en procurer auprès des rares
marchands dont les vaisseaux faisaient relâche dans la rade
où, parfois, les poussait la crainte de la tempête ou les poursuites des pirates.

— Mon fils, dit Jean à Caïus, repose-toi, c'est la bonté de
Dieu qui t'amène en ce lieu, afin que, si tu es docile à ses
inspirations, tu entendes un écho de sa Parole éternelle que
les hommes n'entendent point parce que la Pensée divine est
insondable et que nul ne peut l'assentir s'il croit follement
pouvoir la comprendre. Ici, tu partageras ton temps entre
la prière, la méditation et le travail.

— De quel travail, parles-tu, vénérable père, demanda Caïus, y a-t-il ici quelque champ à cultiver, en dehors de celui-ci qui produit, sans autre secours ni travail que la bonté de Dieu, des fruits sauvages mais abondants?

— Il y a, répondit Jean, le champ de ton esprit dans lequel ont poussé si longtemps les ronces arides des lettres profanes, et qui peut s'ouvrir à l'intelligence des lettres divines. Mais, sache que les ronces, elles-mêmes, peuvent féconder la terre et l'aider à porter des fruits. Vois cet oasis où des arbres produisent de la nourriture; il n'y a d'abord poussé que de chétives végétations dont les générations ont augmenté l'humus, par leurs débris amoncelés, et, maintenant, des oiseaux du ciel, ou des vents de l'espace y ont semé du pain capable de nourrir les enfants des hommes.

Ainsi, les lettres profanes préparent un esprit qui s'en est nourri et qui sait, au bon moment, les brûler en son cœur, à recevoir l'intuition qui jaillit de la connaissance des premiers caractères de la parole, voile pur du Nombre éternel.[1]

(1) Platon avait dit : « Je regarde comme une vérité évidente que les mots primitifs n'ont pu être imprimés aux choses que par une puissance supérieure à l'homme. Et de là vient qu'ils sont justes. » (Platon *in Crat.*)

On sait que l'alphabet primitif dont se servit Moïse pour fixer d'une manière sensible les paroles de l'Eternel, était basé sur la philosophie *qualitative* et non quantitative des nombres, ce qui établit un abîme entre l'arithmétique vulgaire et l'arithmétique sacrée. Le Nom divin de Jéhové exprime cette vérité avec tant d'évidence, que S. Augustin a pu dire que *Dieu lui-même est un Nombre.* Nous voyons S. Jean user largement dans l'Apocalypse de cette science profonde et sacrée de la numération qualitative et, avec son aide, révéler les plus grands mystères. S. Jean était juif et connaissait parfaitement la nature numérique de la langue hébraïque.

Du reste, toute l'antiquité philosophique atteste que cette science du nombre est l'apanage de ceux que Dieu éclaire.

« La substance éternelle du nombre, disait Pythagore, se rapporte au Principe intelligent de l'univers, des cieux, de la terre et des êtres mixtes. »

« C'est moi, dit le poète Eschyle dans une de ses œuvres tragiques, qui inventai pour les hommes, la science des nombres, la plus noble des sciences. »

Platon disait encore : « L'âme qui est immortelle a un commencement arithmétique comme le corps a un commencement géométrique. Les nombres régissent

— Tu seras docile et tu sauras pourquoi, au temps de la première révélation de la Loi, à Moïse, par l'Eternel, sur le Sinaï, Moïse écrivit sur la pierre, en caractères numériques, les Vérités de l'Eternel.

— Vénérable Père, dit Gaïus, qui me donnera le génie d'une science si élevée?

— L'Esprit-Saint qui, au temps de la Pentecôte, se répandit sur les Apôtres du Seigneur et leur donna l'intelligence des langues par la notion de leur source divine, te comblera de ses lumières si tu l'appelles en ton âme, répondit Jean en lui imposant les mains.

Aussitôt, Gaïus sentit comme un voile s'écarter de son cerveau et il connut que la grâce de Dieu lui donnerait l'aptitude d'étudier ce qu'il devait connaître pour être utile à Jean.

Sous la direction de l'Apôtre, il eut bientôt des notions suffisantes de la langue sacrée des prophètes pour pouvoir lui servir de secrétaire.

Et, une fois de plus, il bénit Dieu de l'avoir aspiré des profondeurs du paganisme pour le faire participer aux lumineux et consolants bienfaits de la Foi.

l'harmonie des choses. Celui qui trouble le sens du nombre qui le régit, perd toute communauté avec le bien et ce déréglement le fait tomber dans le péché. »

Enfin, pour en revenir à S. Jean et à sa connaissance profonde de cette science sacrée, nous trouvons, sous sa plume, dans l'Apocalypse, un exemple du rapport des nombres avec l'humanité : « Ici est la sagesse; que celui qui a l'intelligence, compte le nombre de la bête, car c'est *un nombre d'homme*, et ce nombre est 666. » (Apoc., XIII, 18.)

Nous verrons, plus tard, quand nous serons appelés à étudier les cérémonies chrétiennes, que les nombres jouent un très grand rôle, rôle de Foi et de mystère dans les pratiques du culte de l'Eglise.

IV

LA VOIX DU MYSTÈRE.

« Patrata sunt hæc, mystice... [1] »

Le soleil à son aurore mêlait, dans le lointain des horizons mouvants de la mer, l'or vif et radieux de sa splendeur à l'argent pâle et écumeux des flots.

Depuis plusieurs jours, Jean observait un jeûne rigoureux que Caïus partageait et l'Apôtre avait dit à son disciple :

— Je sais que, maintenant, les églises ont reçu mon message et je sais qu'elles ont jeûné et prié avec moi dans le sens du Saint-Esprit.

.   .   .   .

Caïus, en s'approchant, ce matin là, pour saluer Jean, le trouva prosterné et en prières. La figure du « vieillard » rayonnait de grâce et ce n'était pas seulement la plaque d'or de son front qui resplendissait aux feux de l'Orient.

— Prends un calame et du papyrus, dit-il à son disciple,

(1) « Ces choses sont un mystère. » Hymne des Laudes du saint jour de la Pentecôte.

et écris, car l'heure est venue des manifestations de l'eudoxie[1] divine.

Caïus s'empressa de prendre un volume dans la grotte, un roseau et de l'encre, et, docile, assis auprès du saint vieillard, il écrivit sous sa dictée :

« Au commencement était le Verbe; et le Verbe était en Dieu, et le Verbe était Dieu...

» Toutes choses ont été faites par Lui; et rien n'a été fait sans Lui de tout ce qui a été fait.

» En Lui était la vie, et la vie était la lumière des hommes.

» Et la lumière luit dans les ténèbres; et les ténèbres ne l'ont pas comprise.

» Il y eut un homme envoyé de Dieu, dont le nom était Jean.

» Cet homme vint comme témoin, pour rendre témoignage à la lumière, afin que tous acquissent la foi par lui.

» Toutefois, ce n'était pas lui qui était la lumière; il devait seulement rendre témoignage à celui qui est la lumière.

» Celui-là était la vraie lumière, qui illumine tout homme venant en ce monde.

» Il était dans le monde, et le monde a été fait par lui, et le monde ne l'a pas connu.

» Il est venu dans son propre héritage et les siens ne l'ont pas reçu.

____

(1) Du grec εὐδοξία, bon enseignement.

La composition de l'évangile de S. Jean venait à son heure et devait porter un fruit immédiat et un remède nécessaire à une plaie de l'Église. Il devait, en effet, combattre les erreurs judéo-gnostiques qui, répandues par Cérinthe, s'efforçaient de s'implanter même à Ephèse. Il devait, surtout, dissiper les hérésies contre la personne de Jésus-Christ, déjà multiples (Eusèbe, 6, 14).

L'évangile de S. Jean alla droit au but, avec un tact merveilleux, sans discussion, sans même indiquer les hérésies, par la simple exposition des choses (S. Clément d'Alex., ap. Eusèbe, 6, 14).

L'évangile de S. Jean complète les autres et fait ressortir, surtout, le côté spirituel de la vie du Sauveur. Quant au prologue, il est tellement sublime que le Saint-Esprit seul a pu l'inspirer à S. Jean.

» Mais à tous ceux qui l'ont reçu, il a donné le pouvoir de devenir enfants de Dieu, à ceux qui croient en son nom, qui ne sont point nés du sang, ni de la volonté de la chair, ni de la volonté de l'homme, mais de Dieu.

» Et le Verbe de Dieu s'est fait chair, et Il a habité parmi nous.

» Et nous avons vu sa gloire, comme la gloire qu'un fils unique reçoit de son père. Nous l'avons vu plein de grâce et de vérité.

» Jean lui rendit témoignage, en effet, en proclamant :

» Voici celui dont j'ai dit : Celui qui doit venir après moi a été fait avant moi, parce qu'Il était avant moi.

» Et nous avons tous reçu de sa plénitude, et grâce pour grâce.

» Car la loi a été donnée par Moïse, mais la grâce et la vérité sont venues par Jésus-Christ.

» Personne n'a jamais vu Dieu, mais c'est le Fils unique qui est dans le sein du Père qui nous l'a fait connaître.

» Et voici le témoignage que Jean rendit, lorsque les Juifs lui envoyèrent de Jérusalem des prêtres et des lévites pour lui demander : qui es-tu ?[1] »

. . . .

Caïus émerveillé et sans voix, écrivait.... les feuilles de papyrus couvertes d'écriture s'amoncelaient à ses pieds, précieux trésors que le soleil, maintenant à son zénith, semblait couver d'un œil ardent.

. . . .

Jean s'arrêta de dicter et le maître et le disciple, devant ce témoignage de la grande œuvre commencée avec l'aide du Saint-Esprit, s'écrièrent, en levant les mains vers le ciel :

« Ouvrages du Seigneur, bénissez tous le Seigneur : louez-le et exaltez-le dans tous les siècles.

(1) Evangile selon S. Jean, ch. 1.

» Anges du Seigneur, bénissez le Seigneur; Cieux, bénissez le Seigneur!

» Eaux réunies au-dessus des cieux, bénissez toutes le Seigneur; vertus du Seigneur, bénissez toutes le Seigneur!

» Soleil et lune, bénissez le Seigneur; étoiles du Ciel, bénissez le Seigneur!

» Pluies et rosées, bénissez toutes le Seigneur; esprits de Dieu, bénissez tous le Seigneur!

» Feux et chaleurs de l'été, bénissez le Seigneur; froids et rigueurs de l'hiver, bénissez le Seigneur!

» Rosées et brumes, bénissez le Seigneur; gelées et froidures, bénissez le Seigneur!

» Glaces et neiges, bénissez le Seigneur; nuits et jours, bénissez le Seigneur!

» Lumières et ténèbres, bénissez le Seigneur; foudres et nuées, bénissez le Seigneur!

» Que la terre bénisse le Seigneur; qu'elle le loue et qu'elle l'exalte dans tous les siècles!

» Montagnes et collines, bénissez le Seigneur; plantes qui germez sur la terre, bénissez toutes le Seigneur!

» Fontaines, bénissez le Seigneur; mers et fleuves, bénissez le Seigneur!

» Baleines et poissons, qui vivez dans les eaux, bénissez tous le Seigneur! Oiseaux du ciel, bénissez tous le Seigneur!

» Animaux domestiques et sauvages, bénissez tous le Seigneur! Enfants des hommes, bénissez le Seigneur!

» Qu'Israël bénisse le Seigneur; qu'il le loue et qu'il l'exalte dans tous les siècles!

» Prêtres du Seigneur, bénissez le Seigneur; serviteurs du Seigneur, bénissez le Seigneur!

» Esprits et âmes des justes, bénissez le Seigneur; saints et humbles de cœur, bénissez le Seigneur!

» Ananie, Azarie et Misaël, bénissez le Seigneur; louez-le et exaltez-le dans tous les siècles!

» Bénissons le Père et le Fils avec le Saint-Esprit; louons-le et exaltons-le dans tous les siècles!

» Vous êtes béni, Seigneur, dans le firmament du ciel; louange et gloire vous soient rendues et exaltées dans tous les siècles![1] »

. . . .

Et quand le nombre fut rempli des jours de son œuvre sous l'inspiration de l'Esprit-Saint, Jean ordonna à Caïus de tirer plusieurs copies du livre évangélique pour les distribuer aux églises dans l'attente du pain précieux de son témoignage inspiré.

(1) Cantique des trois enfants dans la fournaise, tiré des Laudes de l'Office divin.

V

LA PROPHÉTIE DU FEU.

« De die illo vel hora nemo scit : neque angeli in
cœlo, neque Filius, nisi Pater.[1] »

Cependant, le vénérable Jean n'avait pas épuisé le trésor lumineux des grâces que le Ciel voulait répandre sur le troupeau de Jésus-Christ, par sa bouche prophétique.

Un jour de Dimanche, son fidèle disciple le vit ravi en une extase profonde, si profonde que le saint vieillard eut paru à tout autre privé de vie.

Mais Caïus savait que ceux qui sont favorisés des grandes visions d'En Haut ne sont jamais plus vivants que, lorsqu'aux yeux vulgaires, ils semblent morts ; il savait que, pour que l'esprit puisse s'élever jusqu'aux altitudes sublimes du ravissement divin, il faut que la chair soit complètement domptée

______

(1) Nul ne connaît rien de ce jour où de son heure, ni les anges du Ciel, ni le Fils, excepté le Père. (S. Marc, év. xiii, 32.)

Cette seule parole évangélique indique la folie des devins qui, de tout temps, se sont évertués à pronostiquer la date de la fin du monde et ont fait à Daniel et à S. Jean l'injure gratuite de la rechercher dans leurs œuvres prophétiques.

et que ses fonctions réflexes et tyranniques soient momentanément enchaînées.

Il se prosterna donc et resta en prière près de Jean dont
le visage illuminé rayonnait d'une clarté céleste.

Tout le jour, l'extase de Jean dura et Caïus n'interrompit
point, près de lui, sa prière.

Enfin, comme le soleil déclinait à l'horizon, empourprant
les flots, le vieillard remua les paupières, ses prunelles
perdirent de leur fixité et leur étrange profondeur ferma, peu
à peu, son abîme.

Il abaissa les yeux près de lui et vit son disciple en
oraison. Il sourit, alors, avec bonté et lui dit :

— Mon enfant, sache que j'ai été ravi en esprit et que
j'ai reçu l'ordre d'écrire un livre qui ne sera point scellé, afin
qu'heureux soit celui qui lira et entendra les paroles de cette
vision en observant les choses qui seront écrites, car le
temps est proche. Va donc, prends les volumes et les
calames et écris ce que je te dicterai.

Caïus s'empressa d'obéir et, sous la dictée de Jean, il
écrivit le livre sublime :

« La révélation de Jésus-Christ, reçue de Dieu, pour
découvrir à ses serviteurs les choses qui doivent arriver,
manifestées par son ange à Jean qui a publié la parole
de Dieu et a rendu témoignage de tout ce qu'il a vu de
Jésus-Christ.

» Car Jésus-Christ est le témoin fidèle, le premier né
d'entre les morts, le prince des rois de la terre, qui nous a
aimés et nous a lavés de nos péchés dans son sang, et nous a
faits le royaume et les prêtres de Dieu, son Père ; à Lui sera
la gloire et l'Empire dans les siècles des siècles. *Amen !* Il
viendra sur les nuées, et tout œil le verra, et ceux même qui
l'ont percé, et tous les peuples de la terre se frapperont la
poitrine en le voyant. Et c'est une chose certaine. *Amen !*

» Je suis l'Alpha et l'Oméga, le principe et la fin, dit le

Seigneur-Dieu, le Tout-Puissant qui Est, qui Etait et qui doit venir.[1]

Et Jean continua de dicter, et Caïus d'écrire des paroles mystérieuses et prophétiques. En voici quelques-unes encore, non dans leur texte intégral, mais dans leurs grandes lignes :

« J'ai vu sept chandeliers d'or, et au milieu d'eux quelqu'un qui ressemblait au Fils de l'homme. Et Il avait sept étoiles dans sa main droite. Et son visage était lumineux comme le soleil dans sa force.

» Je tombai à ses pieds comme mort. Mais il mit sa main droite sur moi, disant : Ne crains point, je suis le premier et le dernier... J'ai été mort, mais voici que je suis vivant dans les siècles des siècles, et j'ai les clefs de la mort et de l'enfer... Au vainqueur, je donnerai à manger du fruit de l'arbre de vie, qui est dans le paradis de mon Dieu.

» Celui qui sera victorieux ne souffrira rien de la seconde mort... Je lui donnerai la manne cachée; je lui donnerai une pierre blanche, sur laquelle sera écrit un nom nouveau que nul ne connaît, que celui qui le reçoit.

» Il sera revêtu d'un vêtement brillant, je n'effacerai point son nom du livre de vie; et je confesserai son nom devant mon Père et devant ses anges.

» Et voici ce que dit le Saint et le Véritable qui a la clef de David, qui ouvre et personne ne ferme; qui ferme et personne n'ouvre.

» Celui qui aura vaincu, j'en ferai une colonne dans le temple de mon Dieu, et il n'en sortira plus; et j'écrirai sur lui le nom de mon Dieu et le nom de la cité de mon Dieu, de la nouvelle Jérusalem, qui descend du ciel d'auprès de mon Dieu, et mon nouveau nom.

» Malheur à qui n'est ni froid ni chaud, malheur au tiède, je suis prêt à le vomir de ma bouche, dit le Seigneur.

(1) Apocalypse. Ch. I et alibi passim.

Mais je ferai asseoir le vainqueur avec moi sur mon trône, comme je me suis assis aussi, moi, vainqueur, sur le trône de mon Père.

» Trône de Dieu qu'entoure l'arc de son alliance avec les hommes et que vingt-quatre puissances éclatantes et incorruptibles environnent, trône qui lance les éclairs, les tonnerres et les voix de la justice, de la prophétie et du conseil, trône devant lequel les sept esprits de Dieu brûlent comme des lampes ardentes, trône entouré et défendu par la mer de cristal de la contemplation béatifique des élus, trône autour duquel se tiennent les quatre animaux saints aux six ailes et aux yeux sans nombre, qui chantent éternellement la Sainteté du Seigneur Tout-Puissant, qui Etait, Est, Sera, Jean vous vit! et les quatre animaux et les vingt-quatre vieillards chantaient la plénitude de la dignité de Dieu, Père, créateur et conservateur de toutes choses, maître éternel du Livre scellé de sept sceaux et dont le dedans contient le mystère du créateur et le dehors celui de la création.

» Jean te vit, Livre que nul ne pouvait ouvrir, ni dans le ciel ni sur la terre, ni sous la terre, Livre que nul, même, ne pouvait regarder.[1] »

Mais, ô Jean, dans ta douleur de cette universelle impuissance, tu entendis une voix qui te disait :

« Voici le Lion de la tribu de Juda, qui, par sa victoire, a obtenu le pouvoir de rompre les sceaux du Livre! »

Et le Divin Agneau, crucifié pour la rédemption du

(1) Le symbolisme de cette figure apocalyptique très profonde nous enseigne qu'entre Dieu et la créature, c'est-à-dire entre l'intérieur et l'extérieur du livre, il y a un abîme tellement profond, que Dieu seul peut le combler. L'homme, chassé de la présence de Dieu par la chute d'Adam, ne peut être admis à rentrer en grâce devant Dieu par aucun autre moyen que par la médiation de Jésus-Christ qui, par les mérites de son divin sacrifice a acquis le droit, devant son Père Eternel et consubstantiel à lui-même, de rompre les sceaux de ce livre, c'est-à-dire de réconcilier Adam avec son Créateur.

monde, s'avança, fulgurant des splendeurs des sept esprits de
Dieu et rompit les sceaux, tandis que les quatre animaux qui
veillent sur le mouvement des mondes et les vingt-quatre
vieillards, gardiens du trône auguste de l'Eternel, le recon-
naissant, se prosternant devant l'Agneau, et élevant des coupes d'or pleines du parfum des prières des saints, chantaient
le cantique du Salut nouveau :

« Seigneur, vous êtes digne de recevoir le Livre et d'en
ouvrir les sceaux, vous dont le sang nous a rachetés pour
Dieu ! »

Et des milliers de milliers d'anges chantaient :

« L'Agneau est digne de recevoir puissance, divinité,
sagesse, force, honneur, gloire et bénédiction ! »

Et toutes les créatures du ciel, de la terre et des mers
chantaient :

« A Celui qui est assis sur le trône éternel et à l'Agneau,
bénédiction, gloire, honneur et puissance dans tous les siècles
des siècles ! »

Et les quatre animaux disaient : *Amen!*

Et les vingt-quatre vieillards, à genoux, adoraient Celui
qui vit dans les siècles des siècles !

O Jean, tu vis, alors, l'Agneau ouvrir les sept mystères
des destinées du monde. Tu pénétras les secrets des maux
qu'engendre, parmi les hommes, l'éloignement de Dieu, maux
atroces qui fondent sur l'humanité ignorante de la voie du
salut, des quatre points cardinaux de l'univers, et, quand
s'ouvrit le cinquième sceau, tu vis que les maux n'étaient
point finis parce que le nombre des justés était insuffisant
pour satisfaire la Justice de l'Eternel et qu'il fallait qu'il fut
rempli, à la suite de maux nouveaux; et le sixième sceau
ouvert, les montra si grands que les mondes furent ébranlés
par la colère de Dieu et les impies glacés d'une effroyable
terreur, pendant que, du côté de l'Orient un ange qui portait
le signe du Dieu vivant l'imprimait sur le front des serviteurs

de Dieu, innombrables dans leur plénitude et qui chantaient la gloire de Dieu et de l'Agneau, parce qu'ils avaient souffert de la grande tribulation et lavé, dans le sang de l'Agneau divin, leur robe désormais incorruptible.

Tandis que les anges chantaient, à leur tour, le cantique :

« *Amen!* bénédiction, gloire, sagesse, actions de grâces, honneur, puissance et force à notre Dieu dans tous les siècles des siècles ! *Amen!...* »

Dans le silence profond du Ciel, l'Agneau ouvrait le septième sceau....

Alors, aux yeux éclairés de Jean se déroula l'affreuse théorie des luttes gigantesques qui doivent remplir les époques qui séparent le monde du temps où l'Eternel le brisera comme un verre, époques qui verront le crible des tribulations vanner, dans l'horreur des catastrophes, le froment des élus. Vision aux mille aspects prophétiques, dans le tourbillon de laquelle passent toutes les luttes, tous les triomphes, toutes les défaites, vision pleine des plaies d'où sort du sang, de la boue ou de la lumière, vision des grands combats de l'esprit du mal et du néant contre Dieu et ses saints, vision dans laquelle passe l'horrible fantôme de la bête qui a pour nom un nombre d'homme, blasphématoire antithèse du nombre de Dieu, nombre de la bête que porteront ses suppôts et ses victimes comme un signe de révolte, de lâcheté et de blasphème, sur la main droite et sur le front, nombre de la bête qui les désignera aux plaies de la vengeance du Très-Haut et des châtiments de Dieu.

Et, à travers tant de tourments, sur le chemin de tant de tribulations, l'Eglise des saints, immortelle épouse de l'Agneau sans tache, marche et s'avance vers les noces éternelles, augmentant, à chaque pas, sa parure de mérites et sa gloire d'immolation sans réserve, à l'exemple de Jésus-Christ.

Alors, sur les débris fumants des royaumes du mal, l'armée du Verbe entonnera l'*alleluia* solennel en un concert semblable aux fracas des grandes eaux, et l'Agneau règnera, vêtu des bonnes œuvres de ses saints comme d'une blanche tunique de fin lin et sa parole sainte, comme une épée à deux tranchants, frappera les nations.

Et la bête révoltée et son faux prophète seront jetés dans l'abîme et enchaînés jusqu'au jour du suprême et dernier combat; Satan, alors, se rélèvera pour la lutte et la défaite finale qui le précipitera à jamais, lui et ses derniers suppôts, comme un résidu impur et pour des tourments sans fin, dans le feu qui ne s'éteint pas.

La mort, alors, rendra toutes ses proies; l'enfer, lui-même, produira les siennes, et chacun sera jugé selon ses œuvres. Et la mort et l'enfer et quiconque aura en soi leur signe, seront jetés dans le feu.

Et l'œuvre de la Rédemption sera parfaite et achevée. L'Eden sera reconquis pour jamais!...

Sénérité des noces de l'Agneau! un ciel nouveau et une terre nouvelle ont remplacé la terre et les cieux anciens!

Et la mer aux flots mouvants, symbole de la mutabilité des choses, a été séchée par l'immuable!

Et la sainte cité, Jérusalem nouvelle, issue de Dieu est descendue du ciel, parée pour les noces virginales.

Et une voix du trône a dit :

« Voici le Tabernacle de Dieu parmi les hommes, et il habitera avec eux; ils seront son peuple, et Dieu, lui-même, demeurant avec eux, sera leur Dieu!

» Dieu essuiera toutes les larmes et la mort ne sera plus, il n'y aura plus ni pleurs ni douleurs, ni gémissements, parce que le premier état sera passé. »

Et celui qui était assis sur le trône, dit :

« Voici que j'ai renouvelé toutes choses!

» Tout est accompli. Je suis l'alpha et l'oméga, le principe et la fin. Je donnerai gratuitement à boire de la source d'eau vive à celui qui a soif.

« Celui qui sera vainqueur possédera ces choses et je serai son Dieu et il sera mon fils.

» Et tout ce qui était impur aura été livré à la seconde mort, dans l'étang de feu.

» Jérusalem céleste, dont le soleil sera la clarté de Dieu, ville inexpugnable aux douze portes fulgurantes comme les signes d'un zodiaque éternel, ville aux douze fondements scellés du nom des Apôtres de l'Agneau, ville parfaite et inébranlable comme la pierre cubique et symbolique du temple de la Jérusalem terrestre, ville d'or pur transparent, comme le cristal, sans temple, parce que le Seigneur, le Dieu Tout-Puissant et l'Agneau en est le temple parfait, ville sans soleil ni lune, sans jour et sans nuit, parce que Dieu l'éclaire par l'Agneau son flambeau, ville au centre de laquelle coule le fleuve éternel de la vie, issu de trône de Dieu et de l'Agneau, clair et cristallin miroir de la connaissance de Dieu, dans lequel l'arbre de la vie contemplera le mystère de son être et l'essence de sa sève immortelle, ville sans anathème où règnera l'éternelle paix, où rien ne sera plus des choses de la matière dissoute, où toutes les âmes seront pures et parfaites et rendues, à jamais, au foyer incorruptible du divin amour, par la vertu divine du sang de l'Agneau!

» Venez, Seigneur-Jésus! *Amen!*[1] »

. . . .

(1) Nous avons voulu donner dans ces quelques pages un résumé de l'idée fondamentale de la révélation apocalyptique, par laquelle S. Jean, merveilleusement inspiré par l'Esprit-Saint, a eu pour but de compléter les enseignements prophétiques de l'Ancien Testament et de faire entrevoir la procession de phases par laquelle se réalisera la sanction définitive de la Rédemption, c'est-à-dire la fin de ce monde changeant et illusoire, le jugement définitif de ses éléments intelligents, la reprise par Dieu de tous ceux qui, embrasés exclusivement des feux de son divin amour, auront détruit en eux tout reflet d'égoïsme et de péché, et la condamnation de tous ceux qui subsisteront encore, égoïstes et pécheurs.

VI

LE JUGEMENT DU FER.

Celui qui se sert de l'épée périra par l'épée.
(S. Matthieu, xxvi, 52.)

Pendant que Caïus copiait, avec ardeur, pour les Eglises, les livres du vénérable Jean, et que le vieillard du port, sur sa demande, interrogeait, sans cesse, la surface mouvante des flots déserts, pour y apercevoir quelque galère qui consentirait à relâcher dans le port de l'île, afin d'emporter le disciple sur les terres où il devait, tabellarius fidèle, remettre aux évêques de l'Asie et de l'Italie le précieux dépôt dont il devait être le messager, des événements graves se passaient à Rome.

Le tyran s'était enfoncé de plus en plus dans le crime et vautré dans le sang des saints.

Personne, maintenant, n'était plus à l'abri de ses coups et personne, sain et sauf aujourd'hui, ne pouvait se vanter de la sécurité du lendemain.

Cependant, le châtiment était proche.

La nature entière, au dire des historiens, semblait présager au monstrueux empereur sa fin prochaine, et ces présages étaient recueillis et commentés par tous.

— Quelles nouvelles? demandait-on, au Forum et sous les portiques des basiliques, aux bains et dans les jardins, à mi-voix, toutefois, tant on craignait les délateurs.

— Des nouvelles! il en pleut sur le Palatin! avis au quidam! Le tonnerre a frappé sa statue triomphale, il en a arraché la mensongère inscription et il a ravagé le temple des Flaviens!

— Mieux, encore! disait un autre; vous savez l'arbre auquel les astrologues avaient attaché la destinée d'Auguste? Cet arbre, pour la conservation duquel, Domitianus eut donné, avec plaisir, cent fois, pour le brûler et le rebrûler, le figuier Ruminal?

— Eh bien?

— Il est tombé hier avec fracas!

— Et que disent les augures?

— Bah! la fortune de Préneste n'a pas pour lui de réponses gaies; il paraît que chaque fois qu'il l'a interrogée, elle a donné des oracles sanglants. Les aruspices de l'armée de Germanie ont prédit un bouleversement pour le 14 des calendes d'octobre.

— Et que dit Domitianus?

— Ah! oui, que dit-il? car il s'occupe aussi d'astrologie et de magie, comme l'ami Cerise, lui-même!

— Il annonce que ce jour-là, d'après ses pronostics, la lune sera sanglante.

— Voilà le Flavien! le dernier! qui paye un mulet[1] six

---

(1) Le mulet est un poisson que nous appelons rouget. Très recherché des anciens, il se trouve dans la Méditerranée et la mer du Nord (mulus barbatus de Linné). Selon Pline, son poids maximum est de deux livres. Dix mille sesterces valaient environ douze mille francs de notre monnaie. Cependant, sous Caligula, un personnage consulaire, Asinius Celer, avait acheté un de ces poissons huit mille sesterces (seize mille francs). Ce qui faisait dire à Pline : « On se plaignait qu'un

mille sesterces, pour sa gloutonnerie, et dont la tyrannie dépèce le monde!

— Que son turbot ressuscite pour l'étouffer![1]

— Bah! le Sénat en a digéré les arêtes!

— Il n'épargne même pas sa famille.

— Non, car il vient de proscrire Flavia Domitilla et son époux. Mais les chevaliers sont lâches et nous n'en serons débarrassés que par une révolte de savetiers![2]

. . . .

Un matin, le vieillard du port de Pathmos, en levant ses filets, aperçut, en pleine mer, une galère qui voguait, et il ressentit une grande joie de cette découverte.

Il regarda attentivement le vaisseau et, bientôt, il se convainquit qu'à l'aide du vent favorable qui enflait ses voiles blanches, il cinglait vers les abords de l'île.

Quand il fut convaincu que ses yeux ne le trompaient pas, il laissa là ses filets et prit sa course, aussi rapidement que ses vieilles jambes le lui permettaient, pour annoncer à Jean et à Caïus cette bonne nouvelle.

Le vénérable Apôtre le vit venir, de loin, et dit, aussitôt, à son disciple fidèle :

— Regarde, voici notre ami du port qui nous apporte une bonne nouvelle. C'est un messager de paix et de satisfaction quoiqu'il l'ignore, encore, présentement.

Le vieillard acheva, enfin, de gravir les rudes sentiers et arriva en vue de la grotte :

— Un vaisseau! cria-t-il, une voile latine dans les eaux de Pathmos!

cuisinier coûtât plus cher qu'un cheval, mais, aujourd'hui, un poisson coûte le prix d'un cuisinier! »

(1) Domitien à qui un pêcheur avait fait hommage d'un énorme turbot qu'il venait de pêcher, avait assemblé le Sénat pour discuter à quelle sauce il convenait de le manger.

(2) Selon l'expression de Juvénal, satire IV.

Guidé par Jean, il allait silencieux et confiant dans la bonté
de Celui qui nourrit les oiseaux du ciel et fait pleuvoir la rosée
sur la terre. (P. 139.)

— Bénissons Dieu ! dit Jean, sa grâce nous envoie la liberté !

En entendant ces mots, le vieillard et Caïus ne doutèrent pas qu'ils fussent prophétiques.

— Retourne au port, dit Jean, reçois ceux qui viendront et amène-les ici, s'ils se réclament du nom de Jésus-Christ.

Le vieillard redescendit les sentiers du rocher et regagna sa demeure, les yeux fixés sur le navire qui grandissait à vue d'œil et faisait déjà des signaux joyeux.

Bientôt, il fut près d'entrer dans la rade.

Les voiles furent carguées par les matelots et les rameurs agitèrent, en cadence, dans l'eau écumeuse, leurs avirons sonores.

Après quelques manœuvres, le navire entrait au port.

Aussitôt, les chaloupes furent mises à la mer, les passagers descendirent et, quelques instants après, mettaient le pied sur la terre ferme.

Une grande foule était accourue de tous les points les plus voisins, car la nouvelle s'était vite répandue dans l'île, par les vigies.

En un instant, les arrivants furent entourés, acclamés, car, à leurs figures joyeuses, tous les infortunés proscrits devinaient qu'ils étaient porteurs de bonnes nouvelles.

Chaque fois qu'un vaisseau abordait l'île, la même espérance faisait battre leur cœur dans leur poitrine émue :

Le tyran était-il enfin puni selon la justice et la mesure de ses crimes ? une révolution ou un courageux citoyen avaient-ils, enfin, envoyé le monstre expier ses forfaits aux sombres bords ? ou bien le vaisseau n'apportait-il, pour toutes nouvelles, que quelques victimes de plus dans cet aride enfer ?

Cette fois, ils n'eurent pas la peine d'interroger ; tous les passagers leur crièrent à la fois :

— Rendez grâces aux dieux ! Le tyran n'est plus ! Il a expié ses innombrables crimes ! Rendez grâces aux dieux immortels !

Et c'était des étreintes chaleureuses, des félicitations sans fin, des cris de joie qui dominaient la voix des flots et montaient jusqu'aux nues.

Le vieillard observait, afin de distinguer, si quelqu'un des débarqués n'invoquait pas les dieux.

Il vit deux hommes sévèrement vêtus qui n'attribuaient pas de louanges aux dieux immortels et, s'approchant d'eux, il les tira à l'écart.

— Gloire à Jésus-Christ! leur dit-il tout bas.

A ces paroles, leurs visages s'épanouirent.

— La Paix soit avec toi, lui dirent-ils.

— Et avec votre esprit, répondit le vieillard.

— Le vénérable Jean est-il toujours ici?

— Le vénérable Jean vous attend, leur dit le vieillard, mais, auparavant, entrez dans ma demeure et reposez-vous.

— Non, répondirent-ils, nous voulons aller de suite au « vieillard, » sans tarder, montre-nous le chemin.

Alors, le vieux pêcheur, les précédant, les conduisit à travers les sentiers de la montagne abrupte.

Après quelque temps de marche, ils aperçurent le bouquet de feuillage.

Le vieillard leur désigna la grotte.

— C'est ici, leur dit-il, que le vénérable Jean demeure avec son disciple Caïus, venu de Rome il y a plus d'un an et qui, sous sa dictée, écrit les paroles de sa sagesse.

Jean sortit de la grotte, accompagné de Caïus.

— La Paix soit avec vous, leur dit-il, mes petits enfants, et l'amour de Jésus-Christ!

— Et avec ton esprit, répondirent-ils, vénérable Père. Nous sommes Dyonisius et Marcus, diacres de la sainte Eglise de Rome, et nous venons t'annoncer une heureuse nouvelle pour l'Eglise et pour toi.

— Le tyran est mort, dit Jean tranquillement.

— Oui, la mesure de ses crimes était comble et Dieu y a mis un juste terme, à la prière des saints.

Et, s'adressant au disciple de Jean :

— Caïus, la Paix de Jésus-Christ soit avec toi, lui dirent-
ils, la pieuse matrone Cornélia te salue par notre bouche et
continue à faire dans l'Église les œuvres saintes de la charité.

— La Paix soit avec votre esprit, répondit Caïus, je vous
remercie de ces bonnes nouvelles. Mes domestiques conti-
nuent-ils à exercer la sainte charité envers nos frères, comme
je le leur ai recommandé et l'hospitalité de Jésus-Christ ?

— Oui, Caïus, répondit Dyonisius, ta maison est pros-
père, tous tes biens ont échappé à César, et leur fruit sou-
lage, en ton nom, les membres de Jésus-Christ.

— Mais, dit Marcus, souffrez que nous vous racontions
les événements de Rome.

— Parlez, dit Jean.

Ils s'assirent sur l'herbe de l'oasis, à l'ombre d'un figuier,
et Marcus gardant la parole, dit :

— Le tyran continuait à proscrire et n'épargnait personne, du plus illustre au plus humble. Le sang des saints
coulait à flots, se mêlant au sang des sénateurs, des citoyens
et des esclaves. Le palatin était le repaire de toutes les
abominations de la terre, comme au temps de Claudius Néro,
et chacun courbait la tête ou la laissait choir, au gré du
monstre, sous la hache du licteur.

« Domitianus, qui n'épargnait même pas sa famille, venait
de proscrire Flavia Domitilla et son époux qui trouvèrent
des vengeurs.

» Un serviteur de Domitilla, Stéphanus, son intendant,
résolut d'ourdir un complot, dans lequel il fit entrer un
légionnaire connu à Rome et nommé Clodianus, un affranchi
nommé Maxime, un décurion des officiers du Palatin nommé
Saturius, et plusieurs gladiateurs.

» Ils se concertèrent, ourdirent leur complot en silence et
attendirent le moment favorable.

» Stéphanus qui devait être le principal acteur de ce

drame de la vengeance, fit connaître ostensiblement à tous que, s'étant blessé au bras droit, il ne pouvait plus s'en servir avant longtemps.

» Pour confirmer ce mensonge, il porta, pendant plusieurs jours, son bras en écharpe.

» Stéphanus avait, tous les jours, accès au Palatin et dans les appartements d'Auguste qui ne le soupçonnait pas.

» Mais il n'approchait pas assez près de l'empereur pour pouvoir facilement accomplir son dessein.

» Il demanda donc audience à Auguste, sous le prétexte de lui dévoiler une conspiration ourdie contre sa personne.

» Auguste le reçut sans défiance.

» — Quoi! lui dit-il, il existerait un parricide qui oserait attenter aux jours de l'empereur! Je suis environné de traîtres, je le sais! ajouta-t-il d'un air sombre. Dévoile-moi, généreux Stéphanus, ce que tu sais de ce terrible complot.

» — Voici, César; il est vrai que la vie de ta divinité est menacée. Un ami de gens que ta justice a proscrits, a résolu de t'immoler à l'amitié sur l'autel de la vengeance domestique. Ce conspirateur a des affidés jusque dans ton propre palais et ce sont ceux que tu soupçonnes le moins.

» — Dis-moi son nom et j'en ferai prompte justice! s'écria Domitianus.

» — Son nom! cria alors Stéphanus, en tirant un poignard des linges de son bras qu'il dégagea brusquement et en le perçant au bas-ventre d'un coup oblique, son nom est Stéphanus, intendant et vengeur de la noble Domitilla et de son époux, tes victimes! Meurs, tyran infâme, et que le Styx refuse à jamais de te passer sur ses eaux et fasse sombrer la barque qui portera ton ombre impure!

» — A l'aide! s'écria Domitianus, blessé seulement légèrement et se défendant, à l'aide!

» Il se précipita vers l'autel des dieux lares de la chambre impériale, puis, courut au pulvinar où il chercha, sous son chevet, le poignard qui ne quittait pas son lit.

» Un éclat de rire se fit entendre dans la chambre.

» Du poignard, il ne restait que le manche que Domitianus regarda avec des yeux désespérés et élargis par l'horreur.

» Personne ne répondait à son appel, toutes les portes avaient été fermées par les conspirateurs.

» Entre Stéphanus et lui, une lutte désespérée s'engagea.

» Enfin, des gens du palais accoururent avec des gladiateurs, tous conjurés, et, se jetant sur lui, l'achevèrent à coups de poignard, sans merci.

» Tel est le récit des *Acta diurna* colporté dans tout Rome et que toute l'Italie doit connaître, à présent.

» Jusque dans la mort, le mépris accompagna ce monstre odieux et cruel.

» Les mercenaires qui enlèvent les morts du peuple vinrent chercher son cadavre pour le jeter au *cloaca maxima*, comme un animal impur, mais on dit que son corps trouva pitié auprès de sa nourrice, Phyllis, qui l'acheta à prix d'or aux croque-morts et l'emporta secrètement dans sa villa de la via Latina pour lui donner la sépulture et qu'il repose, maintenant, dans le temple de la famille Flavia.[1]

» Du monstre, il ne reste plus trace à Rome. On a renversé ses statues, brisé ses trophées, martelé son nom sur les monuments de toutes sortes où il était gravé.

» Le sénat, lui-même, oubliant sa lâcheté habituelle, ne l'a pas décrété d'apothéose et les deux Flaviens qu'il a envoyés dans l'Olympe y attendront, en vain, le troisième. »

— Cendre et poussière! dit Dyonisius avec mépris, je n'ai fait que passer, ils n'étaient déjà plus!...

_____

(1) Domitien fut assassiné le 18 septembre de l'an 96 de J.-C.; il était âgé de quarante-cinq ans et avait régné quinze ans. Ce fut le dernier des Flaviens, dont la famille avait donné trois Augustes à l'Empire, Vespasien et ses deux fils Titus et Domitianus.

— Dieu seul est grand! dit Caïus en levant les mains au ciel.

— Le nombre de la bête! prononça Jean, chacun peut le comprendre, car c'est un nombre d'homme!

Et tous cinq se prosternant, comme mus, par une même pensée s'écrièrent :

« Dieu s'est levé et ses ennemis se sont évanouis!

» Que ceux qui le haïssent, s'enfuient de devant sa Face!

» Chasse-les, Seigneur, comme le vent chasse la fumée et que les méchands périssent, devant toi, comme la cire est dévorée par le feu!

» Que les justes soient dans la joie et dans le ravissement, devant ta Face et qu'ils soient enivrés d'allégresse!

» Chantez la gloire du Seigneur! célébrez son Nom par des cantiques de louanges, bénissez Celui qui est monté audessus des Cieux!

» Réjouissez-vous en Lui, il est le père des orphelins, il est le juge des veuves!

» Le Seigneur, habite parmi nous, il donne une grande famille à ceux qui n'en avaient pas et qui étaient seuls!

» Il délivre les captifs de leurs chaînes, et envoie dans les lieux arides les artisans du blasphème!

» Seigneur, quand vous conduisiez votre peuple dans le désert, la terre trembla, les cieux se fondirent en pluie, et le Sinaï frémit devant votre Face.

» Mais vous répandez une rosée de grâce et de liberté sur le peuple qui est votre héritage, et vous le délassez des tourments de son labeur, dans l'assemblée des saints où vous avez préparé, par votre bonté, le pain des pauvres!

» Victoire au Seigneur! les rois et leurs armées se sont enfuis! Quand le Tout-Puissant aura exterminé les rois de la terre, tu seras vêtu de blanc, peuple de Dieu, comme la montagne de Selmon aux neiges éclatantes!

» Béni soit le Seigneur qui nous comble de biens, le

Seigneur qui est notre salut! Le Tout-Puissant, maître de
la mort pour en tirer ceux qu'il lui plaît.

» Il transpercera les têtes orgueilleuses de leurs péchés.

» O terre, chante les louanges du Seigneur et la gloire de
Dieu qui réside, dès le principe, au plus haut des Cieux!

» Il a fait entendre une voix puissante et terrible, toute
force vient de Lui, sa magnificence éclate dans son peuple et
sa force dans les Cieux![1] »

.   .   .   .

— Père, dit alors Dyonisius, nous venons vous chercher,
afin que vous reveniez parmi vos enfants.

— Oui, ajouta Marcus, le vaisseau va repartir, emmenant
tous ceux qui soupirent après leur patrie. Vous viendrez
avec nous.

— La paix se lève, de nouveau, sur l'Eglise, reprit
Dyonisius, et Nerva succède à Domitianus.

— Mes petits enfants, répondit l'Apôtre, vous retournerez
à Rome, et Caïus y retournera avec vous, car ses devoirs l'y
appellent doublement, dans sa maison pour en surveiller les
intérêts et dans le peuple chrétien pour y répandre les écrits
dont je l'ai fait le tabellarius fidèle. Quant à moi, je retour-
nerai, non à Rome, mais sur la terre d'Asie, sur ces montagnes d'Ephèse où se trouve le tombeau de notre mère
et où mes frères attendent mon retour. Je leur porterai, moi-
même, les livres que je leur dois par la grâce de Jésus-Christ
et l'assistance du Saint-Esprit.

.   .   .   .

Le jour arriva du départ des exilés.

Tous prirent joyeusement place sur la galère que ber-
çaient les douces cadences des flots; on leva l'ancre et tous
les passagers chantèrent le chant joyeux de la patrie et de la
liberté.

[1] Psaume 67.

VII

LE DERNIER APOTRE.

Pendant que le vaisseau continuait sa route vers l'Italie, ayant relâché sur les côtes de la Grèce, Jean prenait le chemin d'Ephèse.

Les diacres et les prêtres de l'Eglise d'Ephèse ayant appris son retour, reçurent le saint voyageur avec les plus grandes démonstrations de joie.

Il ne pouvait, de son côté, se lasser de les bénir.

— Père, dit alors le prêtre Nicephore parlant au nom de tous, nous sommes orphelins car notre père Timothée[1] est allé à Jésus-Christ, après avoir confessé la Foi. Ainsi, il a quitté ce gouvernement qui lui avait été confié par le grand Paul, comme tu le sais. Mais, tu ignores, sans doute, les circonstances de sa mort récente.

(1) S. Timothée, disciple de S. Paul, était fils d'un père gentil et d'une mère juive, convertie au christianisme. S. Paul le rencontra à Lystre, où les fidèles de cette ville rendirent de sa vertu des témoignages si honorables qu'il le choisit pour être le compagnon de ses voyages. Dans la suite, il le fit évêque d'Ephèse et lui écrivit deux épîtres que l'Eglise reconnaît pour canoniques. S. Timothée fut lapidé à Ephèse, voulant s'opposer au culte impie de Diane et à la superstition des gentils, dans une des fêtes de cette fausse divinité (vers la fin du Ier siècle). S. Jean lui succéda comme évêque d'Ephèse.

Il avait résolu, à l'exemple du grand Paul, de lutter, pied à pied, contre le culte de la fausse déesse dont le temple est si fameux, en cette ville, et il choisit, pour tenter l'œuvre de la conversion en masse des gentils, le temps des fêtes de cette Diane qui a encore ici tant d'adorateurs.

Dans son noble zèle, il voulut s'opposer à son culte, en public, mais les païens se jetèrent sur lui, le terrassèrent et le lapidèrent sur place.

— Père, c'est à toi qu'il appartient de gouverner notre Eglise, comme tu le faisais, déjà, par tes sages conseils, du vivant de Timothée.

— Soyez sans crainte, répondit Jean, je prendrai la houlette de mon frère Timothée, pour la plus grande gloire de Jésus-Christ.

Et Jean reprit le cours interrompu de ses travaux apostoliques, avec un zèle et une ardeur juvéniles.

Rien ne lui paraissait laborieux ni pénible quand il travaillait pour Jésus-Christ.

Fatigues, dangers, difficultés, rien ne pouvait arrêter sa vaillance.

Bientôt, cependant, avec le temps, il sentit les atteintes des infirmités, présage d'une fin prochaine.

Sa voix, plus faible, ne lui permettait plus les grands discours, ses jambes, même, fatiguées par tant de courses apostoliques, refusaient de le soutenir, mais il se faisait porter dans l'assemblée des fidèles et il était encore au milieu de son troupeau bien-aimé.

Alors, il leur répétait ce simple et touchant discours, écho du plus important des enseignements de son divin maître Jésus-Christ :

— Mes petits enfants, aimez-vous les uns les autres !

Et, par ces paroles douces comme le miel, il prêchait encore parmi eux.

— Père, lui dit un jour un des fidèles qui l'écoutaient, et

qui était toujours présent à ses discours, vous nous dites, sans cesse, la même parole, ne nous donnerez-vous pas, encore, d'autres conseils ?

— Mon fils bien-aimé, répondit l'Apôtre, ces paroles sont le précepte même du Seigneur Jésus qui nous l'a donné dans les mêmes termes, à nous, ses enfants premiers nés, peu de temps avant sa mort, en nous disant :

« Mes petits enfants, je vous donne un commandement nouveau : Aimez-vous les uns les autres, c'est à ce signe que l'on reconnaîtra que vous êtes mes disciples. »

Or, si vous accomplissez ce précepte, cela suffit, il est fondamental et son accomplissement, seul, peut parfaire l'œuvre de la Rédemption qui doit nous rassembler tous dans l'unité du même amour en Jésus-Christ, qui, lui-même, ne fait qu'Un avec le Père.

Quelques années encore passèrent....

L'empereur romain Nerva dont le règne n'avait duré qu'un an, pacifique et sage, avait laissé l'Empire à son successeur Trajan choisi par lui pour sa modération et ses vertus, et, succédant au pape Clet, le pape Clément avait pris, à Rome, la houlette de Pierre.

L'illustre Apôtre sentit sa fin approcher.

Il désigna son successeur, Onésyme, [1] comme le plus digne de diriger, après lui, l'Eglise d'Ephèse.

Puis, il annonça à tous que le temps était venu, pour lui, de passer de cette vie à une autre vie et qu'il allait, de lui-même, descendre dans son tombeau.

(1) S. Onésime était phrygien et esclave de Philémon qu'il vola. Il alla à Rome, fuyant son maître, et rencontra S. Paul alors captif. S. Paul l'instruisit, le baptisa, le garda quelque temps et le renvoya à Philémon auquel il le recommanda par cette magnifique épître canonique qui lui est adressée. Philémon reçut Onésime avec bonté et l'affranchit. Onésime devint, dans la suite, si éminent en vertu et en piété qu'il mérita de devenir évêque d'Ephèse et souffrit plus tard le martyre, à Rome, sous Trajan.

A cette nouvelle, toute l'Eglise d'Ephèse retentit de pleurs et de gémissements.

Jean se fit porter au bord du sépulcre qu'il avait fait préparer, et une grande foule en larmes l'accompagna.

Il leur adressa quelques paroles d'adieu, terminant son discours par sa phrase habituelle :

— Mes petits enfants, aimez-vous bien les uns les autres ! c'est le testament que je vous laisse !

Ayant ainsi parlé, il descendit, de lui-même, dans le tombeau, et ordonna qu'on le recouvrit de terre.[1]

Pendant qu'on s'apprêtait à exécuter cet ordre, au milieu de l'expression de la plus cruelle douleur, l'Apôtre murmura une fervente prière, étendit les mains et rendit l'esprit.

Aussitôt, descendit du ciel une clarté radieuse qui éblouit tous les assistants au point que leurs yeux ne pouvaient en supporter l'éclat.

Ainsi, passa de cette existence périssable à la vie incorruptible et sans avoir été touché par les angoisses de l'agonie ni les douleurs de la mort, le bien-aimé de Jésus qui avait reposé sa tête pendant la Cène sur la poitrine du Sauveur, un de ceux dont Jésus avait dit :

— Je vous le dis, en vérité, il en est, parmi ceux-ci qui ne mourront point avant d'avoir vu mon Règne.

Celui qui, toute sa vie, étranger aux corruptions de la chair, avait mérité de voir descendre en lui l'Esprit de toute vérité, pour lui ouvrir l'entendement aux mystères des grandeurs de Dieu et de l'établissememt définitif de son Règne sur la fin de toutes choses, avait, sans doute, gardé de cette étreinte du Saint-Esprit, une telle vertu, que la mort épouvantée n'a pas osé toucher à ce tabernacle de lumière.

(1) D'après S. Grégoire de Tours qui rapporte ainsi la mort de S. Jean l'Evangéliste à Ephèse. S. Pierre Damien rapporte le même fait dans un de ses sermons.

La terre, elle-même, n'osa garder une dépouille trop
sainte pour ne pas lui être étrangère et ceux qui ouvrirent,
plus tard, son tombeau n'y trouvèrent pas le corps du bienheureux Apôtre.[1]

Nulle relique n'est restée de Jean, et nul autre souvenir
palpable n'a pu être demandé à son tombeau que cette
poussière mystérieuse qu'il sécrète depuis des siècles et que
les douces brises de la vénération ont répandue sur tous
les chemins du monde.

— Venez, Seigneur Jésus! avait-il dit, en fermant le
livre de son apocalypse.

Il avait été exaucé.

La pierre du tombeau du dernier Apôtre fermait le cycle
des temps apostoliques.

Mais elle ne pouvait enclore, en la tombe étroite, l'esprit
apostolique.

Le sépulcre de Jean devait rester ouvert sur l'avenir de
l'Eglise, comme les courtines blanches et joyeuses pleines
des pures et nouvelles espérances d'un antique berceau!

(1) D'après Nicéphore et plusieurs grands docteurs.

CONCLUSION

— Salve! Caïus! les dieux me sont-ils donc si cruels, par
Castor et Pollux! que nos relations soient si rares! J'ai
beau te chercher des yeux, au Forum, aux bains, au théâtre,
au champ de Mars, partout où il y a du monde; il se passe
des lustres entre nos rencontres. J'ai, même, été frapper à la
porte de ta maison, récemment. Je n'y ai trouvé que des
figures nouvelles et inconnues, quoique fort honnêtes, et l'on
m'a dit que tu étais absent pour longtemps. Mais, te voici
revenu de tes nouveaux voyages!

— J'ai voyagé, en effet, Cornélius, et, pendant près de
deux ans, j'ai vécu séparé du monde et de Rome, dans une
retraite profonde...

— Hélas! oui, pauvre ami... je comprends, dit Cornélius
d'un ton de voix subitement attendri, ah! la fortune t'a été
cruelle et les dieux n'ont pas épargné ta maison! Quand je
pense que la veille de l'horrible malheur, nous essayions,
ensemble, dans le bosquet de Cybèle, d'interpréter cette
néfaste prophétie! Enfin, mon ami, ces choses sont passées,
fassent les dieux que l'onde du Lethé soit passée, aussi, sur
ta douleur!...

— Que veux-tu dire? demanda Caïus d'un ton surpris qui
étonna bien davantage encore son compagnon.

— Heu! reprit celui-ci, je ne voudrais pas rouvrir tes
plaies ni la source de tes larmes...

— Elles ont été vite et divinement séchées ! dit Caïus en levant les yeux vers le ciel.

— Quoi ! tu t'es consolé si promptement d'avoir vu la grande Vestale, Cornélia... ta sœur bien-aimée... victime... de...

— Oui, car, de ce jour, date l'aurore de mon véritable bonheur !

Profondément étonné, Cornélius regarda son ami, doutant qu'il jouît de toute sa raison, car il le savait d'un cœur tendre et généreux.

— En vérité, mon cher Caïus, il me semble qu'à ta place... ma douleur...

— Et si elle s'était changée en joie ! s'écria Caïus, si tu avais rencontré un Dieu qui ressuscite les morts et qui comble ses serviteurs d'une telle abondance de consolations qu'ils marchent, désormais, enivrés perpétuellement de son amour !

— Oh ! alors !... s'écria Cornélius... mais, ajouta-t-il, les dieux se promènent-ils encore sur la terre ? c'était bon du temps de Numa et de la nymphe Egérie ! as-tu donc, depuis que je ne t'ai vu, été initié aux mystères de quelque temple qui ne soit pas, comme ceux que nous connaissons, un théâtre de fourbes mascarades ?

— Peut-être, dit sentencieusement Caïus.

— J'avoue que tu achèves de me désorienter, dit Cornélius avec stupéfaction.

— Ecoute-moi, dit alors Caïus, tu es un homme sain d'esprit et je pourrais te prouver que ta sagesse est une folie, mais j'aime mieux, à toi, mon ami, presque mon frère, t'ouvrir la joie de mon cœur. Nous trahirais-tu, ma sœur et moi, que nous te pardonnons d'avance, car la mort serait, pour nous, la porte de la vie.

— Grands dieux, Caïus ! s'écria Cornélius de plus en plus étonné, quel langage ! mais, d'abord, de quelle sœur parles-tu ?

ce n'est pas, sans doute, de Cornélia? En avais-tu donc une
autre?

— Non; et je parle de Cornélia. Elle vit!

— Elle vit!

— Oui!

— Et l'*Agger!* s'écria Cornélius, en laissant tomber ses
bras de stupéfaction indicible.

— L'*Agger* est vide! Rome a enterré la grande Vestale,
Cornélius, au nom des dieux, mais un Dieu plus puissant que
tous les dieux, un Dieu devant qui tous les dieux ne sont que
cendre et poussière, a tiré Cornélia du tombeau. Elle vit!

— Oh! Caïus, s'écria Cornélius avec feu, si ce que tu me
dis est vrai! si je puis le constater par mes yeux! si, vraiment, ce Dieu a fait ce prodige plus grand, à mes yeux, que
de ressusciter un vrai mort...

— Eh bien! achève... dit Caïus insinuant.

— Je jure de l'adorer, comme tu l'adores, sans doute, toi
même, car mon respect pour sa grandeur et sa bonté,
n'aurait pas de bornes...

— Que ferais-tu pour lui?

— Tout! il en serait digne!

— Et s'il te demandait les plus grands sacrifices?

— Je ne saurais rien lui refuser, car il serait assez riche,
sans doute, en puissance, pour me dédommager royalement.

— Divinement, dit Caïus en l'entraînant doucement,
viens donc et tu verras!... Cornélius! Cornélius! L'esprit
souffle où il veut... toi aussi, tu seras chrétien!

TABLE DES MATIÈRES.

Tournai, typ. Casterman.

www.ingramcontent.com/pod-product-compliance
Ingram Content Group UK Ltd.
Pitfield, Milton Keynes, MK11 3LW, UK
UKHW022345090726
13658UKWH00001B/470